大语文共读丛书 0~4岁

与孩子一起阅读

高美霞 —— 著

Yu Haizi Yiqi Yuedu

漓江出版社

·桂林·

图书在版编目（CIP）数据

与孩子一起阅读 . 0—4 岁 / 高美霞著 . -- 桂林：漓江出版社，2023.1
（大语文共读丛书）
ISBN 978-7-5407-9341-8

Ⅰ . ①与… Ⅱ . ①高… Ⅲ . ①阅读课－学前教育－教学参考资料 Ⅳ . ① G613.2

中国版本图书馆 CIP 数据核字（2022）第 216184 号

与孩子一起阅读（0~4岁）

高美霞　著

出 版 人　刘迪才
策划统筹　文龙玉
责任编辑　章勤璐
助理编辑　孙静静
书籍设计　周泽云
营销编辑　俞方远
责任监印　黄菲菲

出版发行　漓江出版社有限公司
社址　广西桂林市南环路 22 号
邮编　541002
发行电话　010-65699511　0773-2583322
传真　010-85891290　0773-2582200
邮购热线　0773-2582200
网址　www.lijiangbooks.com
微信公众号　lijiangpress

印制　天津嘉恒印务有限公司
开本　710 mm×960 mm　1/16
印张　17.75
字数　240 千字
版次　2023 年 1 月第 1 版
印次　2023 年 1 月第 1 次印刷
书号　ISBN 978-7-5407-9341-8
定价　59.80 元

前言 /4

和月亮说晚安
0~3岁儿童亲子阅读推荐

01 猜猜我是谁？		3
02 兔子兔子爬山咯		6
03 这是我的		9
04 小泥人		13
05 快睡吧，小田鼠！		16
06 米菲在海边		20
07 五只小鸭子		24
08 脱不下来啦		28
09 好朋友		32
10 妈妈在哪儿？		36
11 大卫，不可以		41
12 抱抱		47
13 好饿的小蛇		53

14　要是你给老鼠吃饼干　　　58

15　月亮，生日快乐　　　62

16　下雪天　　　68

17　晚安，月亮　　　72

18　谁吃了我的粥？　　　78

19　谁藏起来了　　　82

20　是谁嗯嗯在我的头上　　　86

21　我爱洗澡　　　90

22　棉被山隧道　　　95

23　好饿的毛毛虫　　　99

24　小房子　　　103

25　不要再笑了，袋袋！　　　109

26　在森林里　　　114

27　阿文的小毯子　　　119

28　洞　　　124

29　魔法亲亲　　　129

30　谢谢你，来做妈妈的宝宝　　　133

快乐的一天

3~4 岁儿童亲子阅读推荐

01　小猫头鹰　　　139

02　猜猜我有多爱你　　　144

03　忘了说我爱你　　　148

04　我永远爱你　　　153

05　母鸡萝丝去散步　　　158

06 发明家奇奇兔　　　　　　162

07 妈妈不知道我的名字　　　166

08 快乐的一天　　　　　　　170

09 巴士到站了　　　　　　　175

10 薯片好了没　　　　　　　180

11 月亮的味道　　　　　　　184

12 我妈妈　　　　　　　　　189

13 提姆与莎兰去野餐　　　　193

14 猫太僻哩噗噜在海里　　　197

15 我想养只宠物　　　　　　201

16 没有人喜欢我　　　　　　205

17 森林里的躲猫猫大王　　　210

18 好忙的飞儿之小叶子请别走　214

19 阿秋和阿狐　　　　　　　219

20 我的神奇马桶　　　　　　224

21 逃家小兔　　　　　　　　228

22 三个强盗　　　　　　　　234

23 不是那样，是这样的！　　239

24 月亮的秘密　　　　　　　244

25 当我很小的时候　　　　　249

26 忙忙碌碌镇　　　　　　　252

27 肚子里有个火车站　　　　257

28 100 层的房子　　　　　　261

29 稀里哗啦下大雨　　　　　266

30 西瓜游泳场　　　　　　　270

和故事抱一抱、玩一玩

——学龄前儿童亲子阅读推荐

　　小时候，陪伴我长大的大多数是鬼故事，胆战心惊却还是要继续听。听完了，走在伸手不见五指的田埂上，心里的鼓啊，擂得自己的脚步变得飞快飞快。

　　匮乏时代，对故事的渴望无法形容。再大一些的时候，恨不得飞到小小的新华书店，对架上的"福尔摩斯"垂涎欲滴。那是一种类似漫画一样的、有文字有图的书。那福尔摩斯拨开窗帘一角看向街头的眼神，至今都不能忘怀。可以说，小人书，就是我们童年时代的图画书。也可以说，没有一个孩子不喜欢故事，不管他身处哪个时代。只是，在我小的时候，还没有专门为学龄前孩子而写的故事。

　　在我的孩子小的时候，绘本还没有在国内普及开来。我记得第一套"提姆与莎兰"系列和"可爱的鼠小弟"系列是我从出版社的书架上买的。记得当时市面上已经有二十一世纪出版社出版的"彩乌鸦"系列和"小马小熊"系列，统统被我搜罗了来，当时只是一种直觉，那就是专门给孩子们看的书。买来的书中，孩子最为痴迷的就是"提姆与莎兰"系列，还有一本叫《小房子》的绘本。上了高中的他说，之所以被这本书吸引，是因为他从这本书中感受到了一个地方随着时代一点一点地变化，是第一次感觉到变迁的味道，是第一次感受到以上帝视角看书里的人是如何生活的。他说你们大人总是小瞧了孩子，不知道我们也可以感悟到很多你们不知道的东西，只是我们小时候还没有办法用语言表达出来。后来的后来，伴随着他的长大，绘本在国内陆续红火起来。因为它是真正属于学龄前孩子的故事：它描述孩子的生活，展现孩子的游戏，疏通孩子的感受，彰显孩子的心理……因此，它也在第一时间走进了我在幼儿园的活动现场。

可以说绘本故事的时代来临了。

但是面对纷繁复杂的大量绘本，问题也出现了：这么多的绘本，我要选择哪一本给我的孩子阅读？阅读绘本故事是不是越多越好？我的孩子不喜欢自己读，总是缠着我给他讲，我该怎么办？……

首先，孩子阅读绘本故事，确实不是越多越好。因为学龄前的孩子感知世界、认识事物有一个特点，那就是不断重复地去认识和把握一件事情或一个现象，直到熟悉、理解，直到掌握、运用。那么，他们在阅读绘本时，也会无数次地选择同一本绘本，不断地让你去讲给他听。他很可能就是在不断地重复体验某种感觉，直到这种感觉变得明晰、可控，就像我的孩子无数次阅读《小房子》一样。也正因为如此，孩子才有可能在自己小的时候拥有独属于自己个性化特质的根本书籍，足够滋养他一生的根本书籍。那么作为父母要做的就是观察、感受和支持。

其次，在现实生活中，很多孩子一次又一次拿着某本绘本来请父母讲述，除上面所说的认知特点外，更有可能是孩子比我们大人懂得享受讲故事时那种氤氲的亲子气息。小孩比大人更为在意一家人的感觉，也更渴望一家人彼此相处的温暖。孩子往往活在当下。从这个角度而言，一个学龄前的孩子，不需要看很多的绘本，重要的在于这些绘本是不是经典，而这些经典又是不是足够成为孩子的根本书籍。

那么，哪些绘本堪称经典呢？所谓经典，就是那些和孩子的心理结构真正应和的绘本故事，会在时间的淘洗中，被真正地流传下来。绘本在国内逐渐流行的 20 年左右的时间里，我们一直和孩子们一起阅读与感受。在本书中，我根据年龄段精选出 60 本绘本，分"内容简介""故事解读""讲述建议""活动设置"四部分介绍每本绘本。"内容简介"让家长了解绘本的基本内容；"故事解读"让家长从文化思想的高度上了解绘本；"讲述建议"启发家长如何讲述绘本故事；"活动设置"介绍适合的亲子活动，以促进亲子关系，帮助孩子更深刻地理解绘本故事。

0~3 岁

儿童亲子
阅读推荐

和月亮说晚安

GOODNIGHT MOON

01

猜猜我是谁？

文/图：[美]尼娜·兰登

译：张芳

出版社：未来出版社

📖 内容简介

　　密密的丛林洞洞里，两只眼睛看着你，是谁呢？原来是猫头鹰。再翻开，黑的，白的，会是谁？原来是一头奶牛。翻啊翻啊，洞洞里有好多神奇的东西，最后一个洞洞里，竟然有一个小宝宝。那个小宝宝是谁啊？是宝宝自己。

✏️ 故事解读

　　每个婴儿都喜欢玩躲猫猫的游戏。双手捂住脸，打开，捂住，打开，每一次婴儿都会像第一次看一样咯咯咯地笑，乐此不疲，还想再来、再来。

　　这本绘本恰恰应和了婴儿这样的心理特点。每一次打开，都会有一个新的面孔。每一个洞洞里那个被藏事物的一部分，都会自然而然触发婴儿的好奇心，让他们忍不住去翻看下面到底是什么。是奶牛，是猫头鹰，是斑马，是火车……最后一页竟然是一面小镜子，小镜子里出现的当然就是小宝宝的脸啊！这是谁呢？宝宝会说是宝宝，而这个宝宝对于小一些的婴儿来说并不是指自己，对于大一些的婴儿而言说的就是自己。所以阅读这个绘本故事，是孩子认识世界、认识自我的第一步。

认识洞洞后面的每一个事物，都是促使那个事物在婴儿眼里慢慢客体化的过程。它们不会因为动作的变化，不会因为视觉的挪移，不会因为时间的先后而发生任何变化。世界和宝宝自己不是一体的。婴儿在这样的互动中，慢慢地就会和外在客体分离开来，同时认识到自己也是这个世界当中的一个客体。就像书最后那面小镜子里的自己，婴儿在看过很多次很多次之后，才会发现那就是自己。每一个婴儿最直觉的反应，就是去把书继续翻开，去找躲在那个镜子洞洞背后的宝宝。但每一次翻开却什么都没找到的时候，婴儿才开始真正发现这个世界的神奇。

💡 讲述建议

不急于揭晓答案，给足孩子观察和感受的时间。

这本绘本属于"宝宝的第一本躲猫猫游戏书"猜猜系列其中的一本。除了这一本《猜猜我是谁》，还有《我长大了》《猜猜动物园》和《准备好了吗》三本。这套书可以拿来阅读也可以用于游戏，可以爸爸妈妈和孩子一起共读，也可以让孩子自主来游戏阅读。

在和孩子一起阅读时，可以引导孩子去触摸书中的洞洞，让孩子感受触觉上的空间差别。孩子在翻阅识别事物的同时，体验部分和整体的差别和关系。

尤其是到了最后一页孩子照镜子时，可以问问孩子镜子里的宝宝是谁，他叫什么名字。注意如果孩子还没有意识到镜子里的宝宝是自己时，不需要纠正。只需要多次阅读，给足孩子感受和认知自我与世界关系的时间，让孩子有机会慢慢体悟到镜子里的宝宝就是自己。

把书放到孩子经常可以拿到的地方，便于孩子自主选书，自主阅读。

活动设置

当孩子对认识周围世界展现出强烈的好奇心时，我们可以把孩子生活中很多常见的事物拍成照片，剪裁成和书一样大小的图片，这样就可以经由纸板书的洞洞来玩新的躲猫猫游戏了。

02
兔子兔子爬山咯

文：张晓玲

图：黄缨

出版社：南京师范大学出版社

📖 内容简介

　　有一只粉粉柔柔的小兔子，沿着绿茸茸的小山坡往上爬，嘿哟嘿哟。原来这小山坡是宝宝圆鼓鼓的身体。小兔子爬啊爬啊，爬到草丛里吃草啦。草怎么是黑色的呢？原来是宝宝的头发。小兔子哧溜哧溜往下滑，怎么有块大石头？原来那是宝宝的小脚丫啊！小兔子回家啦，一看原来它就住在妈妈的手上。

✏️ 故事解读

　　在婴儿的眼里，所有的事物都是新奇的。几个月的宝宝，你用手指挠挠他，他就咯咯咯笑个不停。几个月的宝宝，你给他看一个没见过的布绒娃娃，他会紧盯着看个半天。这么大的宝宝，看到的就是跟他有互动连接的绒布小兔子，往往看不到事物背后的那个整体。所以这本原创绘本，非常形象地表现了一个婴儿观看世界的视角特质，也经由妈妈和宝宝之间温馨、亲密的肢体互动，让我们感受到小宝宝在这样互动之下所产生的极大的满足感。

　　我家有只小浣熊的手偶，儿子小时候，我就喜欢套着它和儿子玩游戏。玩得最多的就是在他身上挠痒痒。小熊爬啊爬啊，爬到了山坡上，一不小心滑到了小沟沟里。啊！那是哪里？是胳肢窝啊！咯咯咯笑啊！

小熊爬啊爬啊，爬过高高低低的山，一爬爬到了山坡边上。啊！这是哪里？是脚板底呢！咯咯咯笑啊！有时候，我也带这只小浣熊去我的小班刚入园的孩子那里，用它和刚刚入园不适应的孩子们玩游戏：讲故事、捉迷藏、滑滑梯……

当这样好玩的游戏变成绘本故事的时候，孩子们会觉得非常神奇，怎么有人和我过着一样的生活？怎么有人和我喜欢一样的游戏？这就是好玩的。

这是一本帮助爸爸妈妈来熟悉婴儿认知世界特点的绘本故事。

这是一本告诉爸爸妈妈如何和婴儿玩游戏的绘本故事。

这同时也是一本告诉爸爸妈妈，如何和婴儿构建爱与被爱关系的绘本故事。

哈哈，原来是宝宝的小脚丫啊！

让我们永远都做好朋友！

讲述建议

不要刻意向孩子揭露小兔子是个布偶的事实，它就是一只和孩子玩游戏的真实兔子。

这是一本适合0~2岁宝宝阅读的绘本故事。

大一些的宝宝，可以根据自己的认知能力猜测着阅读了！小兔子爬到哪里了？是背上还是头？是肚子还是小脚丫？也可以在故事的基础上，让小兔子和更多的身体部位发生游戏故事。当小兔子和宝宝成了朋友的时候，故事可以是循环式的，第二天可以来，第三天还可以来……

小一些的宝宝是体验式阅读的。在他们眼里，是真的有一只小兔子爬上山坡来吃草，又哧溜哧溜滑下山坡遇到一块大石头摔了一跤。这只小兔子是真的在和宝宝说再见，而且这个宝宝不是书中的宝宝，而是看书的这个宝宝自己呢！那么这只小兔子就可以和宝宝做各种类似握手、拥抱等亲密的表示爱的动作。小孩子就是在这样的互动接触当中体验到饱满的爱的。

再小的宝宝就不需要阅读书籍本身了，而可以根据故事的情节来进行扮演式的阅读。妈妈就是故事中的妈妈，带着小兔子玩偶，和宝宝真实地这样玩起来。

活动设置

感受自己的宝宝喜欢哪种小动物，买一个这种小动物的手偶。用这只手偶和孩子玩爬山、吃草、滑滑梯的游戏。

在绘本故事游戏的基础上，拓展新的亲密互动游戏，比如藏猫猫游戏。对于几个月大的宝宝，就可以把手偶放在一块布下面，宝宝翻开，妈妈再藏起来，翻开、藏起不断地循环，是助力婴儿建构永恒客体的过程。对于大一些的宝宝，就可以把手偶藏在家里宝宝经常去的地方，让他去寻找，助力宝宝在行走的过程中建构最初的空间感觉。

03
这是我的

文 / 图：[日] 三浦太郎
译：黄超
出版社：少年儿童出版社

📖 内容简介

　　大椅子、中椅子、小椅子，哪把是我的呢？小椅子是我的。大碗、中碗、小碗，哪个是我的？小碗是我的。大牙刷、中牙刷、小牙刷，哪把是我的呢？小牙刷……之后还有大大的香蕉、不大不小的橘子、小小的草莓，哪个是我的呢？小小的草莓是我的，还是大大的香蕉，抑或全部都是我的？

✎ 故事解读

　　物权意识是群居物种得以走向文明的基础，所以我在孩子的教育问题上非常关注物权意识的熏陶。比如孩子可以刷牙了，我会给他准备一个两层小台阶，他能够从这里意识到牙刷就是他的，是他的专属。比如我们家的毛巾、牙刷从来都是不同的三种色彩，爸爸的是绿色的，妈妈的是粉色的，他的是黄色的或者是蓝色的。除了颜色不同还有大小的不同，那么孩子就可以在这种不同中去依赖直觉甄别哪个是属于自己的。像书中所说的碗、椅子、鞋子也大致如此。在孩子生命最初的时间里，如果就给孩子一个物权归属清晰明确的环境，那么孩子就更容易把握到周围世界的秩序，由此更容易生出驾驭感和安全感来。

　　而一个孩子在生命的最初拥有了物权意识，也能够帮助孩子建立生

大碗，
中碗，
小碗，
哪个是我的呢？

小碗是我的。

命最初的界限感以及人与人之间合宜的界限感。孩子天性是有这样的意识的。作者三浦太郎说，有一次他坐在平时太太一直坐的椅子上看报纸，他的孩子突然说："这张椅子是妈妈的。"他说这仅仅是个开始，在平时的生活中，孩子会清楚地区别出每样东西的物主，我们大人搞错的时候他就会指出来。事实上每一个孩子都是这样的。儿子1岁多的时候，晚上闹觉，他不是哭也不是躁，而是给你指哪里是宝宝的小床，哪里是爸爸的床，哪里是妈妈的床，他一一指挥大家都要睡到自己的床上。他的小熊也躺在他的小床上睡好，每一次都如此，方向也不能错。

我们也正是利用他这样的秩序特点，在他2岁的时候就给他定制了双层大床在他的房间。他的房间也是在他出生前就划分好的。在这样的秩序意识下，他在3岁的时候就能够独立入睡了。拥有物权意识就是有这样的功效。

拥有物权意识的孩子，更容易在比较当中认识自己与他人的不同，更懂得尊重他人的不同。即使是再美好的事物，孩子也懂得其基本界限，不抢夺，不占有，这样更容易在创造美好的路上多一种可能。尤其是到了幼儿园的小孩子，从他和其他小朋友的点滴相处中，立刻就可以观察到他自小是否有物权意识的浸润和熏陶环境。所以说，这本低幼绘本很值得爸爸妈妈和自己的孩子一起共读。

作者在这本绘本的最后，制造了一个小小的意外"全部是我的"。这便给读者带来了更深刻的思考。之前的椅子、碗、牙刷、鞋等生活用品，都不如吃的东西来得更聚焦本能里的欲望。大大的香蕉、不大不小的橘子、小小的草莓，孩子会认为哪个才是自己的呢？严守秩序的会选"小小的草莓"。儿子小时候，面对大小不一的草莓时，给奶奶和自己就是这样来分配的。可是奶奶却坚持要把大的给自己的乖乖宝贝。作为妈妈的我，当时认为奶奶这样的爱对于孩子而言，时间长了，会让孩子习以为常，就会认为所有大的、好的就应该统统归属自己，那就成了溺爱。从更细微的角度而言，就是忽略了孩子对秩序的细微感受。

从这点看来，这本书里的小孩子也有一个这样的奶奶，大大的香蕉、不大不小的橘子，还有小小的草莓，都让孩子清清楚楚地体验到"全部是我的"式的宠爱。

那么在现实生活中，我们又要如何来面对被爱和容易霸道占有之间的矛盾呢？祖父母对孙辈满满的爱意，就是会满满地溢出来。在我自己孩子的成长历程中，我体悟到一点，祖父母的宠爱，永远不会宠坏孩子。但前提是孩子的父母并没有缺席孩子的生活，甚至给了孩子主要的陪伴，并且在和孩子生活的时候持守着秩序和规则，顺应孩子自身对物权和秩序的细微意识。如果孩子面对的是这样体现"辩证"的多元环境，他就能够辨认到祖父母和父母不同的爱，并不会滋生霸道和跋扈的性情。

💡 讲述建议

不同性情的孩子要有不同的阅读引导。

这本低幼绘本，符合孩子的认知特点和心理特点，所以更容易吸引孩子自主阅读它。孩子不需要借助爸爸妈妈的文字讲述，就可以按照图来自主阅读。你可以想象他一边指着图说："大椅子，中椅子，小椅子，哪把是我的呢？"然后他翻着书继续："小椅子是我的。"依次往下。当到了水果那一页时，孩子也会跟着指认"小草莓是我的"。更会在最后一页，抱一抱所有的水果表示"全部是我的"，表达出一种内心完全体认到"被满满的爱包围"的感受。如果没有生活中真实的被爱，孩子立刻就会表示"这是不对的""这是不可以的"等回应话语。

当然也有执拗持守事物规律和秩序的孩子，会判定书中的宝宝行为是错的。这个错并不是道德上的情感之错，而是"大小归属不是这样的"客观之错。

在阅读到这里的时候，爸爸妈妈要视自己孩子的情况给予引导。如果是在家里总喜欢霸道占有的孩子，那么就可以经由本书来引导孩子学会和别人分享。如果是持守"世界就是要大小匹配清楚"秩序的孩子，那么就给书中的孩子来进行重新分配，看看大大的香蕉、不大不小的橘子和小小的草莓应该分给谁。如果是温顺腼腆的孩子，那么就对爷爷奶奶的爱进行诠释："爷爷奶奶在这个世界上最爱最爱你啊，所以他们恨不得把所有好的东西都留给你。"这样来让孩子感受到全然的被爱和呵护。

活动设置

针对家里的生活学习用品，甚至是家庭空间，和孩子一起看看什么是谁的、哪里是谁的，从而建立孩子初步的物权归属意识。

04

小泥人

文 / 图:［日］伊东宽

译：蒲蒲兰

出版社：二十一世纪出版社

　　藏在泥巴里的小泥人东看看，西看看，把头拱起来再看看，使劲儿伸出两只胳膊来再看看，索性整个人从泥土里走出来再看看。嗯，一个来和我玩的小泥人做起来就是很简单，五杯土，两杯水，太多了不行，太少了也不行。小泥人和我一起玩泥巴，做一个泥巴炸弹，来一次泥巴飞溅，或者翻个跟斗，变成一个威力无比的泥巴团……

✏️ **故事解读**

　　没有一个小孩子不喜欢玩泥巴。而这本书就是作者用泥巴玩出来的。当小孩子看到环衬页上那么多泥巴点点时，应该会和我一样忍不住用手指摁摁泥巴点点吧！泥巴在小孩子的手里逐渐塑形，彰显了孩子的掌控力量。沙泥在孩子的手中任意揉捏，让孩子体验到手掌无限包容的感觉。

　　在小孩子的眼里，万物都是有生命的。不记得哪一个雕塑家曾经说过，在雕塑家的眼里，石头里本来就有一尊雕塑，他只是把它从里面解脱出来而已。艺术家们往往找寻的就是小孩子看待万物的方式。就像这个小泥人，就是一个小孩子眼中的小泥人，他住在泥土里，他只是想出来和玩泥巴的小孩子玩罢了。

　　我和幼儿园的小朋友就是通过这样的方式用橡皮泥捏一个人的。每

一个孩子都会有仿佛看到人诞生一样的神奇感觉。我会从一块橡皮泥顶部揉捏出一个头，然后从两边和底部拉捏出手和脚，就像书中的这个小泥人一样。

而我观察的小孩子，只要有机会玩泥，他们首先就是团泥巴、扔泥巴。泥土里藏着的小泥人和那个始终没有露脸的小孩子玩的就是这样的游戏。泥土和水和在一起，就会有泥点子飞溅出来，那也是好玩的一部分。

玩泥伴随着泥土里的坑，有坑就会翻跟斗，最终小泥人还是变成了一个滑溜溜的泥巴团。啊！这个泥巴团上面还来了一只手，令人浮想联翩。还不快逃，泥巴就要飞到你的身上来了！

按照故事里的泥巴玩法，玩一次泥巴吧！

给小孩子讲述这本书的时候，可以以小泥人的口吻对着小孩子讲述，仿佛两人在对话。首先是小泥人如何从泥土里费劲儿走出来，其次是小泥人教小孩子如何做小泥人，再次是小泥人向小孩子诉说自己喜欢的玩法，最后就是小泥人对小孩子说着"你不要来抓我啊""你抓不到我啊"等语言诱惑小孩子来抓住自己（讲述的爸爸妈妈）。

我们还可以用一张 2 开的素描纸，和孩子在白色的素描纸上画泥巴，一边涂鸦，一边讲述，这将是一个更加生动的旅程。

不管生活在哪里，一点点泥巴还是可以找到的。第一，可以尝试用泥巴来做小泥人；第二，觅一处乡间或山头，帮孩子邀上三五小伙伴，让孩子尽情地玩泥巴；第三，尝试创作泥巴点点画并签名。

05

快睡吧，小田鼠！

文/图：[德] 艾尔哈特·迪特尔

译：陈俊

出版社：二十一世纪出版社

内容简介

小田鼠到了该上床睡觉的时间了。妈妈让他上床，他说他需要再等10分钟，因为他还想再啃几口奶酪棒；爸爸让他刷牙，他说他需要再等9分钟，因为他得把自己的跑车开进来；妈妈让他换睡衣，他要再等8分钟，他还要去给仙人掌浇浇水；爸爸让他上床，他说再等7分钟，他要和邻居大妈说晚安……爸爸妈妈可要真生气了，小田鼠会怎么办呢？

故事解读

绘本《晚安，月亮》里有只小兔子，她安静上床，安静感受，乖乖入睡。而这本绘本里的小田鼠，和小兔子完全不一样，他是一只千方百计想要迟一些再睡的小田鼠。

你看封面上，小田鼠的床上已经摆上了许多陪睡的小动物，他兴奋地跳到自己的床上，完全不是去和小动物一起睡觉的状态，而是一副要去和小动物欢腾的模样。

所以到了书名页（指扉页）时，你就会发现坐在被窝里的小田鼠，那眼神里的调皮劲儿，一看就是有主意了！每一个孩子从初生时的整天整夜睡眠，到后来逐渐长大后的夜晚睡眠，都会经历一个白天黑夜的调整过程。我记得在儿子1岁左右，我总是拿着他的小熊枕头，以小熊的口吻唤他："快来陪我睡吧。"一开始的两三天，特别有效，内心柔软的小家伙立刻就来陪着小熊睡了，好像他就是小熊的爸爸妈妈一样。可几次之后，这招就不新鲜了。他就像这个小田鼠一样，有好多要做的事情，而很想让他早点睡的我们，就被这很多种事情搞得筋疲力尽。就像小田鼠的父母一样无奈，可每当小家伙累了、乏了、睡着了时，看着他的脸庞，我们的内心又不禁升腾起无数的柔软。

好像每一对父母都是在这样无奈和柔软的糅杂当中度过来的。你看上了床的小田鼠，还想啃奶酪棒，啃也磨蹭，一连啃了 10 个洞；想要去把跑车开进来，小田鼠绕着房子开了 9 圈，才终于把车开进家门。

上了床的小田鼠，还想去给仙人掌浇水。平日里爸爸妈妈让干的事情，或者是唠叨他没做好的事情，他都要在此时此刻去表现一番。他还会给你讲个你常常给他讲的道理，仙人掌不能多浇水，它喜欢干燥。

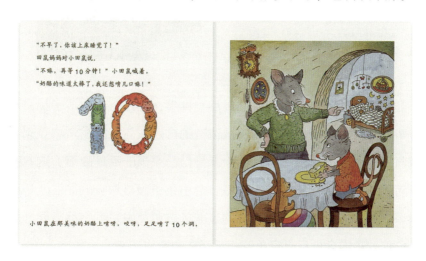

上了床的小田鼠，还想去和邻居大妈说晚安，还想要喝水，还要找自己的毛狮子，和自己的小伙伴们亲吻说晚安。刚才喝水了，小田鼠必定还要上厕所。还没有刷牙呢，睡前的事情一样都不能少。此时此刻的爸爸妈妈，耐心是不是已经用尽了？可是在完成这些事情的时候，小田鼠所有内心的情绪，你说调皮捣蛋也好，任性淘气也好，可爱天真也好，是小孩子独有的秩序逻辑也好，它们都得到了充分伸展和释放。小田鼠并不是慢悠悠做这些事情的，爸爸妈妈的催促，也是小田鼠的一面墙，它促使着小田鼠遵守规则，所以他是快快地做这些事情的。每一件事情都有明确的数量限制，这是小田鼠给自己定的秩序。同时他也感受到了爸爸妈妈对自己的包容和接纳，所以小田鼠在所有睡前心绪释放和疏通的同时，会对爸爸妈妈说他们是世界上顶好顶好的爸爸妈妈。

非常有意思的是，小田鼠的最后一件事，也是每个小孩子都喜欢的一件事，那就是睡前故事。而田鼠爸爸的这声叹气，是一声感受到幸福的叹气。他讲述的睡前故事，恰恰就是自己宝贝的睡前故事。这本绘本的作者相当了解小孩子的心理，每一个小孩子最喜欢听的往往就是自己的故事。而每一个做了爸爸妈妈的、准备做爸爸妈妈的，都需要修炼一件事，那就是学会把自己宝贝的生活当成故事讲出来。

💡 **讲述建议**

适合每一个小孩子阅读，养育一个内心皮实的孩子。

曾经非常犹豫要不要给乖巧的儿子讲述这个调皮捣蛋的睡前故事。

随着对小孩子成长心理的了解，我明白了，每一个小孩子的内心深处都有一颗想要调皮捣蛋的心。如果没有在生活中宣泄出来，也需要在更多的文学作品当中去疏通。所以不管是乖巧的孩子，还是调皮的孩子，都很适合阅读这本睡前绘本。

爸爸妈妈给自己的宝贝讲述这个睡前故事的时候，先不着急带着认知的目的来讲述，而是带着自己作为父母真实的情绪来讲述这个故事，那么孩子才有可能在故事文本呈现的心理冲突中，去饱满地体验背后父母永恒不变的爱意。也可以说，才可以磨砺孩子内心面对冲突的心理能量。我们不是假装接纳孩子的所有行为，假装包容孩子所有的状态，以至于孩子失去了面对"墙"（也就是规则和要求）的心理能力，成了一个玻璃心的孩子。我们就是小田鼠的爸爸妈妈，坦承自己内心真实的感受，却又在这样的真实当中被孩子唤起内心的温柔。可能有歉意，可能有叹气，但这却是真实的生活。

在这样讲述故事的基础上，我们可以基于孩子的认知好奇，来看看小田鼠好玩的房间布置，看看小田鼠数字上的小猫秘密，谈谈小田鼠美美的梦……

👥 活动设置

1. 将故事当中小猫组成的数字制作成卡片，然后和孩子来说说每一个数字对应的是小田鼠要做的哪一件事。

2. 看看每一个数字上都有几只小猫。

3. 把所有的数字从大到小或者从小到大来排一排队。

4. 按照小猫的数量来给数字排排队。

06

米菲在海边

文 / 图：［荷兰］迪克·布鲁纳

编译：童趣出版有限公司

出版社：人民邮电出版社

内容简介

　　有一天，米菲带上小桶和铲子，坐着爸爸的车去海边。他们开过沙丘，在一个漂亮的帐篷前停了下来。米菲脱掉了衣服，换上泳装玩沙子。他用自己的沙滩铲，挖了一道坚固的城墙，高得只看见米菲的脑袋。米菲挖完了沙子，就带着小桶去找可爱的贝壳，接着跟爸爸去海里戏水，米菲把爸爸泼成了落汤鸡……

故事解读

　　不管多大的孩子，都喜欢沙和水。沙和水是可以随意变形的事物，孩子在其中可以充分感受到自己对沙子的驾驭力量。迪克·布鲁纳不仅了解孩子，而且自己的精神内核就是一个孩子。所以这本绘本完全就是一个小孩子的视角，在看这个世界。

　　小孩子看世界有几个特点。第一，在低幼孩子的眼里，自己和世界是一体的。自己的手是世界，自己的脚是世界，那张桌子是世界，那朵花也是世界……就像这本绘本里，每一个画面都是单独的事物，那就是"以我为中心"的整个宇宙。第二，孩子眼中的世界，是受视神经的发育进展、受其视野范畴的大小所影响的。所以孩子看世界时，常常是放大了事物本身抑或放大了自我感觉。比如小桶和铲子是一个画面，几个贝壳是一个画面，米菲在车上睡觉的样子也是一个画面。第三，小孩子对这个世界里的一切，满满的都是不知疲倦的好奇和试探。就像玩了一天的米菲说"我一点也不累，再玩一会儿吧"，而事实上米菲还没有到家就睡着了。

米菲就是这样的一个小孩子。米菲的爸爸就像大家的爸爸一样，要带孩子去海边的时候，还"欲擒故纵"一下："今天去有沙丘和贝壳的大海哟，谁想去？"天性喜欢沙和水的孩子哪里经得住这样的诱惑呢?!当然是一呼即来，而且还要带上他经验里在海边玩耍所需要的小桶和沙滩铲。

特别喜欢迪克·布鲁纳所画的行走的车。画面极其简单，平面的，露出的米菲的头，露出的沙滩铲。简单才会更快地触发想象：米菲去大海边的渴望心情，米菲到那里会做什么，或者自己去那里会做什么……虽然，小孩子总是一路走一路好奇看的，但是大海的诱惑，会使得一切都聚焦向海。看见弯弯的沙丘，就是要到达的标志了。

你如果问一个小孩子，你今天去做什么了？他保准会流水账一样地告诉你先干了什么，后干了什么。多大了都是如此。这是小孩子表达世界印象的特性：希望完整和面面俱到，希望把自己的感觉全部说完。

米菲就是这样呢！到了海边的帐篷—脱衣服、换泳衣—用桶和铲做城墙—城墙高得只看见米菲的脑袋—去找了很多可爱小贝壳—和爸爸一起泼水玩—不想回家，可必须回家—还没到家，在车上就困了。这样一个丰富的过程，哪一个都要兴奋地告诉你，一个也不能漏掉。

所以说，每一个小孩子读这本绘本，就仿佛自己的心灵被映照了出

来，会有心有灵犀的相通感。或者说，就仿佛自己也跟着米菲经历了一次海边之旅，心情也被释放、疏通了一回。

💡 讲述建议

不要轻易给孩子换绘本故事讲述，而是聆听孩子内心的节奏给孩子重复讲述。

这是一本适合低龄孩子阅读的绘本故事。无论是简洁的画面，还是高纯度的色泽，都会给孩子一种安静、接纳的氛围，适合与 1 岁左右的孩子反复阅读。

在阅读的过程中，小孩子往往比我们大人更容易理解这本绘本画面所表现的故事内容。他们会注意到米菲去海边坐在车上的渴望眼神，他们会注意到海边沙丘的高高低低，他们会看见金色沙滩上的帐篷，他们会说脱衣换泳衣的必要环节，他们看见小桶和沙滩铲就知道米菲要干什么……这就是他们眼中的世界，他们常常会要爸爸妈妈讲了又讲。那么父母不要轻易给孩子换绘本故事讲述，而是需要循着孩子重复感知的节奏重复讲述。因为孩子每一次的观察、感知、聆听，就像亲身经历了一次。

当孩子再大一些之后，他们往往就会拿着这本书进行自主阅读了。这个自主阅读的过程就像是在玩游戏，玩开车去海边、玩挖沙建城堡、玩找贝壳、玩戏水、玩开车回家却睡着了的生活游戏。孩子会自然而然地规划一些地方来进行这个游戏，父母只需要给予支持即可。

🎲 活动设置

策划一次海边之旅吧！不管多大的孩子都会喜欢。如果近期没有海边之旅的计划，也可以带孩子准备材料，在方便的地方玩一次水和泥，也是很美妙的童年回忆。

07

五只小鸭子

绘：[美] 帕梅拉·帕帕罗尼（Pamela Paparone）

出版社：北南图书出版社（North-South Books）

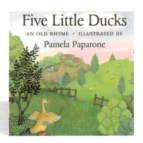

📖 内容简介

　　鸭妈妈和五只鸭宝宝住在山坡上。早晨，当太阳升起的时候，小鸭们出门去玩了。鸭妈妈嘱咐他们早点回来。鸭妈妈打扫冲洗庭院的时候，看见了四只小鸭子；鸭妈妈在熨烫衣服的时候，从窗口看见了三只小鸭子；鸭妈妈空闲下来的时候，来到湖边，画了一幅美美的湖景，回家挂在壁炉上，这个时候正好有两只小鸭子走进门来。鸭妈妈今天想摘点苹果，给宝贝们做苹果派。当她拎着苹果进家门的时候，看到了一只小鸭子在庭院的草地上。此时此刻，太阳已经西落了，五彩的云霞铺满了天空。鸭妈妈开始做苹果派了，天色暗了，鸭宝宝们一只也没有回来……

✏️ 故事解读

　　这是一本根据经典童谣 *Five Little Ducks* 绘制的绘本，浓郁的乡间绿意，清新的田园气息，会不知不觉把人的视线吸进去，再吸进去。我就是被绘者的画风一下子吸引了的。虽然它并没有在

国内出版，但我在自己孩子小时候，就彩印了所有的章页，并定制成书，方便孩子阅读。

　　这个绘本故事，虽然源于童谣，但却并没有完全限于童谣所想要表达的内容，而是用细腻的画笔描绘了一个温馨美好的世外桃源生活。仿佛就是我们想象中的世界：绿意绵绵的山脉，每一座山头上，都有一个绿树围绕的家园。鸭妈妈的家就是其中的一个。你看鸭妈妈的庭院里，秋千，小车，树林，下午茶的桌椅，敞开的栅栏门……一派恣意生活的光景。那样的时光里，爸爸在外工作，妈妈在家打理家务，孩子在周边自由自在地玩耍直到天黑才回来。那好像就是我小时候在乡间的生活，一直让我在回忆中也迷恋的生活。妈妈也如同鸭妈妈一样，勤勉地打理着家务，爱我和妹妹胜过一切。当东边露出霞光的时候，鸭妈妈就开始打扫庭院了，小鸭们自然就出门去玩了。就像我小时候，妈妈早早地起床打扫院子、搓洗衣服一样。而我也是像小鸭子那样，会跑出家门外很远的芦苇荡里去疯玩一天到天黑才回家。有时候，我们就在家周边和小伙伴们捉迷藏、丢石子玩，那么干活的妈妈就能看到我们的身影。就像鸭妈妈干活的时候，不时看到四只鸭子抑或三只、抑或两只抑或一只一样。

鸭妈妈和我的妈妈一样，清理洒扫，洗洗涮涮。只不过这位鸭妈妈比我的妈妈更加文艺一些，更加优雅一些：她细致地熨烫桌布床单，她会到湖水旁写生，她会亲手采摘苹果制作苹果派。她是我认为的完美妈妈的样子。可惜我并没有做到，我

甚至都没有做到她和我妈妈那样认真用心地给孩子准备晚餐。

夕阳西下，家里温暖的灯光亮起的时候，鸭妈妈站在山坡上喊自己的宝贝们回家。这让我想起了小时候的乡间，晚霞满天，每家每户烟囱里的炊烟在天空袅袅升起。各家的妈妈，总是在这个时候用各种各样的言语呼喊自己的伢儿回家吃晚饭，喊得最多的就是"讨债鬼"了！而我的妈妈就像鸭妈妈一样，温暖有爱，喊我的小名儿。回到家，热腾腾的晚餐就像小鸭子家一样早就摆在桌子上等着了。

乡间的生活就是这样的！比起现在的快节奏，那时的光景实在是美妙得很！但那时却不知道它是这样的宝贵，那时也不知道那样的生活本身就是一首诗。

🔅 讲述建议

不被认知所束缚，充分感受故事内含的生活方式。

阅读故事，认知的目的性太强，就往往使得书失去了它应有的感染和氤氲作用。就像这本书，如果只是沉浸在数鸭妈妈看到几只鸭子，那么就失去了欣赏美、感受美的机会和可能。所以，建议用温和平缓的语气来讲述这个故事，引导孩子走进那浓浓的绿意里去。

当然我们阅读一个文本故事，重要的并不只是去把握语言抑或数量这些认知的东西。阅读往往是阅读他人写就的自己的生活，最起码也是他人能够想象的生活。那么重要的是感受另一种活法，另一种生活方式。就像这个鸭妈妈一样，生活也可以这样悠闲一点，生活也可以这样文艺浪漫一点，生活也可以这样温暖有爱一点，对待孩子也可以这样放松自在……或许我们可以拿着画板，画下周边的一朵花，或许我们可以和孩子烘焙一种美食。我想起我自己就曾经受到启发，买了画板，去到公园里给荷写生。

讲述的时候，可以在结尾小鸭子们睡觉的时候，补充上自己平时给孩子唱的摇篮曲，让故事的温馨气息来得再浓烈一些。

这样的故事很适合给孩子重复讲述、重复共读。

👥 活动设置

在孩子熟悉绘本故事的内容之后，可以和孩子欣赏经典童谣 *Five Little Ducks*，边听边在绘本故事书上找出相同数量的鸭子。

08

脱不下来啦

文/图：[日]吉竹伸介

译：毛丹青

出版社：甘肃少年儿童出版社

📖 内容简介

　　小男孩去洗澡，想要自己脱衣服，心急的妈妈帮着脱，结果衣服就卡在了头上，怎么脱也脱不下来。怎么办呢？坐在小椅子上的小男孩，透过被卡住的衣服勉强看得见外面的世界，于是遐想就开始了……

✏️ 故事解读

　　很多小朋友看到这个故事，会忍不住爆笑，一阵又一阵爆笑，说说想想后还是会笑。在别人做了糗事之后，我常常试图区分嘲笑和傻傻的笑之间的细微差别。因为做幼儿园老师，所以会常常遇到这样的场景，某个小孩子出糗了，比如摔了个大马趴，或者喝牛奶时无意泼洒了一身，其他孩子的第一反应就是笑。年轻的时候，常常更为共情出糗的孩子，而批评那个笑的孩子，把笑定性为嘲笑、幸灾乐祸的笑。但多少有一些犹疑，觉得好像也不至于定性于此。慢慢发现，就是那个摔了的或者被泼了的，看别人笑了，自己也会跟着笑，摆脱了尴尬，场景就变得轻松起来。说这种笑是善意的，不是；说这种笑是幸灾乐祸，也不是。这种笑，就像看到这本绘本封面上这个被衣服卡住的小孩，下面胡乱扑腾的那么多只脚，就是忍不住笑。我记得儿子小时候，也会有被卡住的时候，即使是自己的儿子，做妈妈的我也忍不住笑。儿子急了，急的样子让我忍不住更乐了。如何形容这个时刻呢？就是单纯地想笑，仿佛不再是妈妈养育孩子的角色，而是那个简单的我傻傻地笑。所以说，这本书不管是对于大人来说，还是对于小孩子来说，都有一种疗愈的功效。

因为我们每个人都会有不被理解的感觉。但我们每一个人都可以在阅读这本书之后，学会自我理解，而且在自我理解的过程中，变得心驰神往起来，天马行空起来，仿佛走向一个更宽阔的心灵状态，在那里风轻拂、心自荡漾。

你看，都怪妈妈叫我去洗澡。——这种心情每个孩子都会有。看书看得正投入呢，玩游戏玩得正开心呢，妈妈叫我去洗澡了。洗澡就洗澡吧，她非要急急忙忙帮我脱衣服。我明明说了自己脱的啊！因为自己内心也没有特别执意要自己脱，妈妈非要脱就脱呗。不过卡住了，妈妈急。我的心里就会这么说啊！你看，还是我自己脱吧，我能行的。结果，左右挣脱，前后挣脱，绕圈挣脱，怎么也脱不下来。谁看了会忍得住笑呢？

我夸下海口的，说自己能行的。可就是脱不下来啦！怎么办？透过衣服，勉强看得见外面。就这样也行的，什么都不能阻挡我成为一个了不起的人。小孩子总是想象自己的将来有无比强大的力量，因为在他们的眼里，大人就是这样的人。而且小孩子烦恼来得快，去得也快，实在脱不下来，就不脱了！反正也勉强看得见，挺好玩的。想象就这样蔓延开来。

每一个小孩子最为开心的就是和同伴一起玩。那这个世界一定也有

一个被衣服卡住的人，和我一样。哈哈，我们要是一起说话，一起去郊游，一定很好玩。光想着那样的光景就觉得无比有趣了。就这样长大也不错啊！哪个人不喜欢这样的遐想呢！每一个小孩子应该都做过这样的白日梦吧！

只不过当下的感受会中断这种想象，肚子那里有点凉，还是不要逞强，让妈妈帮忙吧！想想还是不服气，自己来！各种动作的尝试挣脱，还是忍不住笑吧！就在这样的挣脱中发现，脱掉裤子比较容易。这样狼狈的样子几乎每个孩子都有遇到过吧！还是妈妈，不管三七二十一就帮我脱掉了卡住的衣服。书中甚至连这个脱掉的图都没有给，表示它的快速。或者传递了妈妈的态度，而妈妈搓澡的动作也说明了这一切。

小孩子在长大的过程中，总是走在个性化和社会化彼此交错作用的过程中。这个可爱的小男孩最后说，我还是得听妈妈的话。这让我这个做妈妈的忍俊不禁。一个不服输却最终听从规则的小男孩跃然纸上。

这种不服输的心劲儿，一直在想象中延续，虽然妈妈给自己脱掉了卡住的衣服，给自己洗澡。但就像每一个曾经的我们一样，嘴上还是不认输的。妈妈让他穿上睡衣的时候，他一边穿好裤子，一边还不忘记说，我就说我一定可以的，我自己能行。可是，到了穿衣服的时候，他直接去套穿扣着纽扣的开衫，居然又被卡住了！

哈哈，想象不是可以自然而然地循环下去了吗？每一个阅读的小孩子都会这样忍不住的。

而我，尤其喜欢这个小男孩身上一次次挣脱不行却还是要自己来的韧劲儿，我觉得每一个小孩子生来都有这样一种我要自己来的天性，我们做爸爸妈妈的只需要像书中的妈妈那样，给这个天性以发挥的时间、空间即可。

💡 讲述建议

将故事的想象继续下去，并尝试用简单线条画出来，形成一本新书。

家长先自己阅读这本绘本，可能会不知不觉地看到自己心灵深处的那个小孩子，抑或会看到自己家里的那个两三岁的孩子，自己还没有学会娴熟地穿脱衣服和裤子，却还是执拗地想要自己来。

爸爸妈妈可以和孩子共读这个故事，一起进入故事的情境，一起跟随故事循环想象：这样被睡衣卡住之后，又会发生什么事情呢？甚至可以是小孩子说着的时候，大人就随机用简单的线条将它画出来。画画技能不够的爸爸妈妈，可用彩色纸折叠一件衣服和裤子，简单勾画手和脚即可。

爸爸妈妈也可以讲讲自己被衣服卡住的生活趣事，让家中弥漫一种其乐融融的温馨气息。

👥 活动设置

1. 当孩子衣服被卡住的时候，可以和孩子玩一玩衣服被卡住的游戏。比如，头靠头说悄悄话。

2. 讲一讲孩子生活中被衣服卡住的故事，并尝试帮孩子做出一本自己的书来。

09
好朋友

文/图：[日] 佐佐木洋子
译：蒲蒲兰
出版社：连环画出版社

📖 内容简介

　　小熊在和小兔子玩泥巴，小狸猫躲在大树后面："我真想和他们一起玩儿，可是……"小鼹鼠走来了，他对小兔子和小熊说："我也一起玩儿，好吗？"

　　小熊和小兔子高兴地说："好啊，来吧！"可是，小狸猫很害羞，不敢说我也一起玩儿。小猪高高兴兴地跑来："我也一起玩儿，好吗？"

　　小熊、小兔子和小鼹鼠一起说："好啊，来吧！"他们玩得真开心啊！

　　"我也一起玩儿，好吗？"小狸猫的声音太小了，谁也没听见。这个时候大象一蹦一跳地来了："我也一起玩儿，好吗？"

　　小熊、小兔子、小鼹鼠和小猪一起说："好啊，来吧！"

　　这一次，小狸猫到底有没有勇气说大声点呢？他们有没有一起玩泥巴呢？

✏️ 故事解读

　　小狸猫的腼腆、害羞简直就是我小时候的写照。第一次去小卖部买东西，不知道花了多长时间才鼓足了勇气，终于把声音从嗓子里赶出来，却又小得像蚊子叫，要么是别人压根儿没有听见，要么就是被其他更响亮的声音给盖住了。

在生活里，当一个孩子不知道怎么加入其他人的游戏却又很想玩的时候，会有很多种本能的方式：立刻返回去跑到妈妈的怀里拉妈妈的手；或者返回去朝着自己的奶奶哭；或者走过去，踢一踢脚；或者跑过去，抢走一个铲子，然后跑开去……在孩子的原初经验里，是没有这个绘本故事里的交朋友经验的。这个绘本故事里的交友方法，都是学习的结果。

外面的世界，外面的人，对于孩子来说，都是陌生的、未知的。那么面对未知和陌生最为本能的反应就是担心和害怕。但是，每一个成长中的孩子，都有强烈的交朋友的渴望和需要。这对矛盾就引发了孩子内心冲突的张力。我想去，我有担心；我想去，可我又不敢。怎么办呢？

那么就经由阅读《好朋友》这本绘本，教给孩子一个"魔咒"。如果孩子在入园之前就学会了这个"魔咒"，那么他会拥有比其他小朋友更善于交友相处的经验和能力。对于刚刚入园的孩子，他们之间经常会发生想要加入游戏引发的纠纷。而我每一次都会交给孩子小鼹鼠、小猪、大象和小狸猫的"魔咒"："我也一起玩儿，好吗？"而每一次，就是每一次，就像发生了魔法一般，刚刚还处在情绪冲突中的孩子居然都会立刻温和地表示："好啊，来吧！"

这个"魔咒"是需要练习的。我们会模拟各种各样的情境，比如有人在搭积木，有人在玩过家家，有人在捏橡皮泥……然后我们会派那个如小狸猫一样腼腆、害羞的孩子去问："我也一起玩儿，好吗？"那些身在游戏情境中的小家伙，每一个都会大声欢快地回应："好啊，来吧！"就如同小熊和小兔子一样。

作为父母，我们首先要给予想要玩却不知道怎么加入的孩子一份理解和同理，他们才会因为被理解而有可能鼓起勇气去尝试。其次，要给孩子创造这样的交往情境，帮助孩子练习这个"魔咒"。最为便捷的方法就是和孩子一起阅读《好朋友》这本绘本，让孩子在阅读故事的过程中学会这个"魔咒"。小狸猫在从不好意思，到好不容易张开嘴却说得很小声，再到最后终于鼓足勇气说得很大声的这个过程中，感受到自己的腼腆害羞得到了理解和认同，从而接纳自己、认同自己，而不再自我否定。尤其是最后所有的小动物都对小狸猫说"好啊，来吧"时的笑脸，会疗愈每一个害羞腼腆的孩子。甚至我们大人也常常是这样呢！

最后所有的小动物一起玩泥巴的痛快淋漓，会彻底感染那个腼腆害羞的孩子，让他的心灵释放、绽放开来！

好朋友一起玩儿，就是很开心！这是恒久不变的群居动物的本真需要！

这次小狸猫大声说：
"我也一起玩儿，好吗？"

好啊，来吧！

💡 讲述建议

创设故事当中的情境，在情境中和孩子练习交往语言"我也一起玩儿，好吗"。

不管是外向开朗的孩子还是内向拘谨的孩子，不管是加入其他孩子的游戏，还是让别人加入自己的游戏，当还没有和同龄小伙伴交往的经验时，都需要经由这样的绘本故事来练习基本的加入游戏的交往语言。

这个绘本故事的讲述要点首先在于清楚交代游戏场景，让孩子能够在脑海中了解故事发生的背景，便于孩子进入故事角色当中。简单说来，就是让故事变得生活化。比如书名页可以这样讲述：今天小熊和小兔子约好了一起玩泥巴。小熊带来了蓝色的水桶和一把绿把儿的红色小铲子。比如正文第一页可以这样讲述：就在他们玩得很开心的时候，大树的后面躲了一只小狸猫。小狸猫的眼睛盯着小熊和小兔子一起玩泥巴，心里好羡慕啊："我真想和他们一起玩儿，可是……"

第二个讲述要点就在于用语言来表现小鼹鼠、小猪和大象的大方请求，以及小熊和小兔子的欢快应许。比如小鼹鼠可以是高高兴兴地来的，小猪可以是一溜烟跑来的，大象可以是蹦蹦跳跳来的。而每一次小熊、小兔子都对那些来的小动物自然欢快地回应"好啊，来吧"，一种巴不得都来一起玩的欢迎。这样才会给如小狸猫一样腼腆害羞的孩子以大声说出自己心声的勇气。

《好朋友》是日本佐佐木洋子创作的"小熊宝宝绘本"系列当中的第14本。"小熊宝宝绘本"系列一共15本，涵盖了孩子吃饭、睡觉、如厕、洗澡、刷牙、穿衣、排队、问好、交友、过生日等方方面面，可以在孩子养成生活习惯的0~3岁期间，长期阅读，反复阅读。这套书可以是爸爸妈妈给孩子阅读，也可以慢慢过渡到孩子自主阅读。

活动设置

安排孩子的同龄小伙伴互相串门。当孩子作为客人去同龄小伙伴家的时候，让孩子学会问："我想玩你这个玩具，可以吗？"当孩子作为主人迎接同龄小伙伴来自己家的时候，让孩子学会说："好啊，你玩吧！"

10

妈妈在哪儿？

文 / 图：[日] 入山智

译：崔维燕

出版社：长江少年儿童出版社

📖 **内容简介**

　　小鸡球球找到一根四叶草，妈妈说过这可是表示幸福的幸运草呢！多想给妈妈看一看啊！咦，妈妈在哪儿呢？啊！那边的花丛里露出了妈妈白白的翅膀！"妈妈，快来啊！"可是走进花丛一看，原来是小狗白白的耳朵。啊！那边的墙后面露出了妈妈的红帽子！"妈妈，快来啊！"可是走到墙后一看，原来是红色的花朵。啊！那边的篱笆上露出了妈妈尾巴上的黑羽毛。"妈妈，快来啊！"可是走到篱笆后面一看，原来那是乌鸦阿姨的大翅膀……妈妈……在哪儿？小鸡球球哭了！"叽叽叽！"谁在叫小鸡球球呢……

✏️ **故事解读**

　　找四叶幸运草的小鸡球球，让我想到了工作单位前面那沿河柳岸边的一丛丛酢浆草，有红色的、紫色的、白色的，春意浓浓的时候，它们会争先恐后地展现自己的色彩。我带着孩子们来过这里，最专注的事情莫过于在那片片三叶的中间找寻那四叶幸运草了。因为从来都没有找到过，所以希望和找寻的渴望一直就这样绵延在春天的路上。

　　没有想到小鸡球球就这样找到了这么一片，小小的心灵深处对自我的相信和确认，对世界就是这样爱我的确认和相信，从此种植在了潜意

"我看见啦！妈妈，快来呀！"

识深处。

　　小鸡球球找到了四叶幸运草，第一时间就想要给妈妈看。找了好久好久都没有找到妈妈，小鸡球球哭了！作为一个孩子的妈妈，最为关注的就是这位妈妈的反应。当孩子喊"妈妈，妈妈"时，鸡妈妈也是呼应道："小鸡球球。"妈妈肯定看到了孩子脸上的泪滴，却没有过多的语言询问，只是等待、感受孩子的感受。小鸡球球立即说："妈妈快看啊！"这是孩子最想向妈妈表达的东西。而妈妈也是紧扣回应："哇，幸福的四叶草啊！"最终妈妈还把这四叶草插在花瓶里，让孩子从行为上感受到了妈妈热烈、有效的积极回应。由此，孩子产生了自己被关注、被爱的初体验，感受到了自己的感受被承认、被认同的深层之爱。妈妈和孩子的对话体现了一种以"事物"（四叶草）为中心建构的亲子关系，体现了一种以"发现并创造生活的美"为中心的生活方式。

　　虽然是一本小小的绘本故事，却从背后体现了一个妈妈抑或一个家庭的教养方式，妈妈对孩子的回应是理性的、积极的。这不仅彰显于妈妈和孩子的对话以及妈妈插花的行为上，而且还体现在孩子一步步找到妈妈的过程中。

　　当小鸡球球想要把找到的四叶草给妈妈看的时候，他就开始了自己理性、细致的观察，并且在脑海里有了清晰的表象：妈妈有白白的翅膀、红红的鸡冠子、黑黑的尾羽、橘色的鸡脚、橙色的尖嘴。孩子在 1~3 岁的年龄阶段，认知事物都有这样"准确"但显现"部分"特性的特点。这恰恰也能使爸爸妈妈在阅读这本绘本时了解这个年龄阶段孩子的认知水平和特点，由此更加地理解孩子、欣赏孩子。

没有找到妈妈的小鸡哭了！是否要在此时此刻引导孩子体会"找到妈妈"的方法呢？故事是开放性的，并没有在此过多笔墨，给读者留足了空间去发挥。我觉得不是非得要，也不是非得不要，而是要视自己孩子在这方面的敏感性来做选择。如果是我，我会更强调孩子的自主性，给孩子呈现榜样。我会说："妈妈在哪儿？让我想想，嗯！刚才我出来的时候，妈妈和哥哥姐姐们是在大树那边玩的，让我去看看他们还在不在那里。哦，妈妈，妈妈——"故事就这样衔接下去了。

小孩子的生活就应该是这样，自主的能力要有机会得到发展和伸展，还要在爱和认同的氛围里长大，孩子才会自然而然地去爱他人、认同他人。在这个绘本故事里有一个小小的细节彰显了这一点——小鸡球球把四叶草送给了那个差点儿被猫抓住的绿色毛毛虫。

被爱过，充分地被爱过，才能爱人！

　　警惕刻意针对"找不到妈妈怎么办"的说教，融入故事阅读，让教育无痕。建议阅读"小鸡球球成长绘本"系列，让孩子代入小鸡球球的视角来探索世界，学会交往，学会生活。小鸡球球的成长系列除了这本《妈妈在哪儿?》，还有《好朋友》《谢谢啦！》《晚安，小鸡球球》《小鸡球球，藏猫猫！》《小鸡球球帮妈妈做事》。

　　这是一本立体的游戏书。可以以小鸡球球的角色去讲述，跟随小鸡球球一步一步去寻找妈妈。还可以和孩子设计小鸡球球和每一个动物的对话，比如："我不是你的妈妈，你再到前面找找吧。"

　　还可以是以帮助小鸡球球一步步找妈妈的角色进行讲述，每一个孩子都很喜欢这样一个帮助人的角色，帮助的过程就是阅读的过程，阅读的过程就是寻找的过程，寻找的过程就是让观察变得理性、有条理的过程。

　　家长需要注意的是，在这样一本立体游戏书的阅读过程中，重要的是孩子在前，大人在后，更多的是引导孩子自己观察。比如为了让孩子有小鸡球球那样的理性思维，那么在看书名页小鸡站在妈妈背上的时候，就以小鸡的口吻来看看鸡妈妈是什么样子的，说说鸡妈妈的样子。当开始正文讲述的时候，也不要急着往后翻，需要体现小鸡球球思考的状态和过程："咦，妈妈在哪儿呢？嗯！那里边，应该是这，那边，白白的翅膀，那是我妈妈的翅膀。我看见啦，妈妈，快来啊！"这样一个处理，就将小鸡球球理性思考的过程展现在孩子面前。孩子就能有身临其境的感觉，也才能真正体会到遇到事情应该如何思考。

　　跟随小鸡球球对妈妈的观察，让孩子来观察妈妈是什么样子，说说妈妈的样子，听听妈妈的声音，摸摸妈妈的手……多感官感受自己的妈妈。然后把所有的家人排在一起，请孩子蒙上自己的眼睛，开始找妈妈的游戏。

　　孩子可以通过摸所有人的手，来辨别自己的妈妈；每个人发出一个小动物的声音，让孩子来辨别自己的妈妈；每个人举起孩子，让孩子通过身体的接触来辨别自己的妈妈……

11

大卫，不可以

文 / 图：〔美〕大卫·香农
译：余治莹
出版社：河北教育出版社

📖 内容简介

有一个调皮捣蛋的男孩，他的名字叫大卫。大卫爬到高高的椅子上去拿柜子里的糖罐；大卫玩了一身泥回家，地板上留下了很多泥脚印；大卫洗澡的时候水溢得到处都是……妈妈一次又一次对他说："大卫，不可以。"后来，他居然在家里打棒球，就连妈妈说"大卫，不可以"，他也没有停下，结果把花瓶打破了。这下怎么办呢？

✏️ 故事解读

教室里的那本《大卫，不可以》都被孩子们翻烂了。每一个看过《大卫，不可以》的小孩子都非常喜欢这本书。

但这又是让每一个妈妈感觉不那么舒服的绘本故事。我相信每一个妈妈拿到这本绘本的时候，都有些不知所措，不知道用怎样的方式给孩子讲述这个故事。

小孩子为什么喜欢？妈妈们却又为什么有不舒服的体验呢？

小孩子之所以喜欢，是因为故事当中的大卫，做出了他们内心深处最想要做的事情。每一个孩子的内心深处，都有一个想要释放的小孩：释放自己的欲望，释放自己的渴望，释放自己的好奇，释放自己的挑战……每一个孩子，往往处在自己的秩序和逻辑里，而常常忘了大人们的秩序和逻辑。

大卫，爬上椅子去拿高处的糖罐。大人之所以把糖罐放在高处，可能是不想让孩子食用太多的糖，可是大卫禁不住诱惑啊！太想吃了！但是妈妈的"大卫，不可以"里，是两种担心，一种是怕东西砸碎的担心，一种是怕孩子会摔下受伤的担心。这种担心就会聚焦成妈妈语气里着急式的严厉。

大卫玩泥回家在房间里留下了一串泥脚印。可以想象，大卫自己也很惊奇自己身后的泥脚印，因为玩得很尽情的小孩子，一心想着妈妈要让自己洗得干净，却全然不知道泥巴脚会在地板上留下印记。有可能是认知上的不知道，或者是无法一次协调两种要求的不知道。所以，面对妈妈的"天哪，大卫，不可以"，大卫是一脸的蒙。

大卫在浴缸里做潜水员玩游戏，水溢得到处都是。玩游戏，表征自己在世界里的经验，是孩子的天性所致。大卫玩在兴头上的浴室，就让我想到了画家马蒂斯剪纸创作在兴头上的画室模样，可以说是一样的。那么面对妈妈的"不行！不可以"，大卫更多的是沉浸在自己游戏的想象世界里，有可能是听不见的。如果面对更多"不行！不可以"，他就可能做出光着身子跑出家门的行为。

孩子在游戏世界里的时候，常常是自我中心的。大卫把锅扣在自己的头上，穿着乐队礼服，勺子敲着锅，你可以想象家里的噪声分贝。大卫在干什么呢？表征自己感受过的乐队经验，就像洗澡时游戏一样，虽然这不符合大人世界的秩序和规则。所以妈妈说"大卫，不要吵"。孩子在玩游戏的时候，未必全然都在想象世界里。此时此刻，孩子是处在一个能够自如出入游戏世界和生活世界的状态，他是可以感受到妈妈的规则和要求的。他的自我有了一种对抗权威的欲望和力量，妈妈越不允许做的事情，大卫可能越想要去做。而孩子阅读到这里，会有非常过瘾的感觉，大卫居然敢于去做大人不允许做的事情。在孩子的眼里，甚至在青春期孩子的眼里，这都是英雄的表现。

就像大卫用食物来进行造型一样，也是他在游戏。儿子小时候也和大卫一样，在自己的饭碗里，面筋建桥，花菜栽树，一派田园风景图。大人惯常的规则就是"不可以玩食物"。但你也可以感觉到随着孩子内心自我意识和能力的增强，他们渐渐有能力和大人所代表的某种文化抗衡。

当孩子觉察到自己内心的这种力量时，他们有时候会过度使用。妈妈如何说"大卫，不要吃了"这样合宜的建议，他也可能不停。在自我意识和大人要求的张力之间，每一个孩子都想朝前一步去试探试探，体会对抗权威的滋味。也会因为自己的认知和理解，抑或妥协和认错，而往后退一步。小孩子和大人之间，抑或说规则和欲望之间，总是这样你进我退、你退我进拉锯战的。

看似沮丧着回自己房间的大卫，又开始学超人，挖鼻孔，把玩具丢得满屋子都是，最后甚至在屋子里玩起棒球来。大卫越来越膨胀的自我意识，妈妈越来越攒聚的情绪，都被棒球击碎的花瓶止住了！外在事物的破损，唤醒了大卫内心对自己"过分膨胀"的惊畏，也唤醒了妈妈内

心对自己"总是说不"的歉疚。

　　孩子内心的欲望、渴望、想象、挑战权威的自我意识等可以释放到如此的地步，每一个孩子在阅读的时候，都会有一种身临其境、爽透之感。甚至有的孩子还会有这样一种潜藏的感觉，即一种别人在犯错，别人总是在挨批的幸灾乐祸之感。我不得不承认，孩子也有这样的一面。

　　那么处于张力另一极的家长，他们所代表的规则和逻辑、要求和期待，则和孩子的渴望冲突。也正是因为这个原因，所以很多家长不知道该如何给孩子讲述这个绘本故事。父母代表的是孩子需要社会化的那个方向，孩子需要有能力关注到屋子里的卫生、噪声分贝的干扰，需要有能力自我掌控在夜晚睡下来、知道饱饿把控进食……所以大人还要非常愉快地和孩子讲述这个故事，确实是一个不符合大人内心情绪和思维逻辑的别扭过程。假若把大卫变成一个反面教材进行说教，也会把这本绘本变得无比无趣；假若妈妈变成一个充分理解孩子、允许孩子的妈妈，那么也会使这本绘本成为纵容孩子的范例。

　　从成长的角度来看，大卫就是到了建立是非对错概念的时候，他需要妈妈建构的这一堵"墙"，去认知和感受自己行为的是非对错，在这样一个饱满的张力当中认识自己、建构自己，进而成长自己。

这就是童话故事中有生母同时也有继母的缘故，这就是童话故事里有善良女巫的同时必定会有邪恶女巫的缘故。其实生母和继母、好女巫和坏女巫从来都是同一个人。

讲述建议

讲故事的过程当中，要有意识和能力做孩子成长过程中的"墙"。

从我做妈妈的感受而言，抑或从我做老师想要影响孩子发展的角度而言，我倾向于让孩子自主阅读这本书。因为这个绘本故事，几乎不需要大人的任何解释，孩子们都会无师自通。

但如果是孩子很想要妈妈来进行讲述，那么妈妈就需要像书中的妈妈那样不轻易放弃自己的规则和逻辑立场，也需要带着真实和清晰的自我意识去表达"大卫，不可以"，就像真实生活中的那个自己一样。妈妈有能力表达自己真实的想法，不轻易改变自己的观念，有能力和孩子在彼此的表达、倾诉和争辩中去呈现思考、思辨，这也可以帮助孩子形成思考、思辨的理性意识和能力。

甚至在讲述当中，还可以加入自己和孩子相冲突的生活故事。这样孩子可以更直观地体验在"个性"与"社会发展"张力当中的自我，孩子能否在这样的过程中自我感受、自我辨析、自我认知，取决于讲述者"做墙"的意识和能力。

家长讲述这个故事时态度需要严肃和认真，这样的姿态才让孩子认真对待爸爸妈妈坚守的那个规则，孩子才会因此而有所思考、有所内省，孩子往往习得的是这种更为内在的生命姿态。

在讲述过程中，虽然需要坚守自己真实的想法和观念，但还是要保

持开放聆听的姿态，去体会孩子当下的感受。关于孩子对自己游戏世界的描述和持守，多一份诚恳的理解。注意，是诚恳的理解，而不是妥协和退让，不是放弃和纵容。只有在诚恳理解的基础上，我们也才可能诚恳描述自己的意见和想法，那么和孩子之间才可以达到心灵真实的交流。

就像故事当中一样，也只有当大卫意识到"敬畏"和"停止"的含义之后，妈妈也才可以说"宝贝，来这里""大卫乖，我爱你"。唯有张力到了最为饱满的时刻，妈妈和宝贝的拥抱和表达才具有促使生命活泼生长的能量。

👥 活动设置

1. 在故事中选择一个爸爸妈妈和孩子都印象深刻的场景，然后对其中的一个角色进行辩论。比如孩子可以选大卫，也可以选大卫的妈妈。大卫主张这样做是可以的，大卫的妈妈则站在"不可以"一边。

2. 在自己的生活中选择一个爸爸妈妈和孩子的想法有冲突的故事，然后爸爸妈妈和孩子进行辩论。

3. 最后别忘了向孩子表达"我爱你"。

12
抱抱

文/图：［英］杰兹·阿波罗
译：上谊编辑部
出版社：明天出版社

📖 内容简介

　　有一只小猩猩，在森林里走着走着，就和妈妈走分开了。他一路看到了很多小动物和他们的妈妈相亲相爱地拥抱在一起，忍不住一路说着"拥抱"。说着，说着，他开始想念自己的妈妈了。可是妈妈在哪里呢？善良柔软的大象妈妈让他坐在自己的鼻子上，四下里寻找妈妈。可是，看到的还是别的小动物和妈妈亲切拥抱的场景。小猩猩忍不住大哭着要"抱抱"。妈妈从森林里一边喊着"宝宝"，一边张开着手臂奔过来。就是这样，妈妈和宝宝紧紧、紧紧地抱在了一起……

✏️ 故事解读

　　这是一本全书只有三个词"妈妈""宝宝"和"抱抱"的书，而且全书有两个"妈妈"和两个"宝宝"，却有数不清的"抱抱"。这仿佛是在说明，对于幼小的孩子来说，语言的表达不如动作来得那么直达心扉。因此，这数不清的"抱抱"，和画面上那些动物妈妈和小动物爱意浓浓的拥抱，会在最大限度上刺激到你对妈妈的想念。这仿佛是人与生俱来的一种本能反应，兴许是每一个生命最初都有和妈妈紧密相连的十月之故吧！

　　封面上，妈妈和宝宝抱在一起的时候，妈妈和宝宝都是非常享受的表情。对于宝宝来说,那里有刚刚出生时就感受到的熟悉的温度、熟悉的心跳、熟悉的味道。没有什么比得上妈妈的怀抱更温暖、更令人想念的了。

小猩猩就是这样!不知道他是因为在森林里贪玩,还是和妈妈走着走着就走丢了,反正故事的一开始就是小猩猩一个人在森林里走着。每个孩子开始认生之后,会有无数个和妈妈分开的时刻让自己不开心,比如哺育的妈妈到了要去上班的时间了,孩子会哭。所以在森林里独自走着的小猩猩,看到小象宝宝和妈妈时,禁不住说"抱抱",一定是想起了自己和妈妈在一起时的场景了,自然而然脱口而出"抱抱"。妈妈平时就这样抱着他的啊!小蛇宝宝和妈妈是这样抱着的,蜥蜴宝宝和妈妈也是这样抱着的,三重刺激勾起了他内心的渴望,渴望引来的是失落。

故事充满了爱!大象妈妈捕捉到了小猩猩的感受,立刻让他坐到自己的鼻子上,带他去找妈妈。小猩猩看着豹子妈妈和宝宝,他嘟囔着说"抱抱";他看到长颈鹿妈妈和宝宝依偎在一起,他呢喃着说"抱抱";他看到河马妈妈和宝宝,他的情绪一定进一步变化了,哽咽着说"抱抱"。最后他张大嘴巴号啕大哭着说"抱抱"。

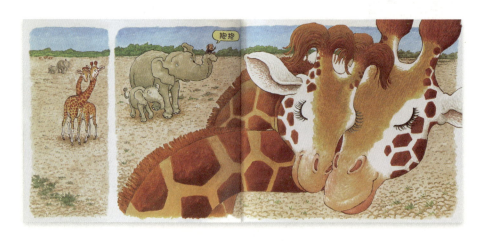

宝宝的声音，不管有多远，都会牵动妈妈的心。大猩猩就是这样边喊着"宝宝"边张开手臂奔过来的。这个世界上还有比妈妈喊宝宝的声音更令人心动的吗！宝宝和妈妈就这样互相喊着紧紧抱在了一起。所有的动物就像小猩猩一样感慨地说"抱抱"。

如果说所有妈妈和宝宝的"抱抱"是第一重温暖的话，那么第二重温暖来自猩猩妈妈轻轻放开的手，那是一种示意、一种教育。小猩猩立刻给了大象妈妈一个"抱抱"作为感谢。

"抱抱"就这样发生了涟漪反应，所有的妈妈和妈妈之间，妈妈和宝宝之间，宝宝和宝宝之间，都有了温暖的"抱抱"，第三重温暖就是这样氤氲起来的。

所以故事的结尾，不管是妈妈，还是宝宝，都非常非常地满足，彼此一口一个"妈妈""宝宝"，亲昵地喊着，这个场景，让我想到了我的孩子，正是因为和他自然亲昵的拥抱，让趋向腼腆的我，打开了自己，开始有勇气、有能力去拥抱。也是拥抱让我体察到我内心深处的怜悯和同理。每一个孩子，就如同这可爱的小猩猩，是一把开启父母温柔心、接纳心的钥匙！在与孩子的相处里，多了细细碎碎、点点滴滴的谢意和敬畏。可以说，它真正改变了我和成长中的孩子交往的关系方向。

当父母想要表达对孩子的想念时，主动和孩子讲述。

每一次讲述故事都和孩子紧紧地抱一抱。

这是一本可以伴随孩子成长的绘本故事，当孩子在分离时有了明显的情绪反应时，可以讲；当妈妈在和孩子短暂分离之后想念孩子时，可以讲。注意，不要等孩子想父母了，我们才去想念孩子。作为大人，我们可以更为主动地去想念并表达想念。这会让孩子强烈地感觉到被爱，而不是被动地被爱。

父母给予的爱，孩子永远不嫌多。小时候，往往孩子牵挂父母，而待父母年老时，又是父母牵挂孩子。基于此，父母应多多牵挂（牵挂是有距离的爱，并不是无距离的溺爱、无距离的要求和期待，此为差别）、多多表达对孩子的爱。我们在讲述这个绘本故事的时候，就以这样一个场景开始：妈妈做着家务，孩子独自欢快地玩着。那如果把这个场景换在森林里，应该是这样：小猩猩妈妈正在森林采摘香蕉，小猩猩就在一旁的草地上玩啊、玩啊，他一边玩，一边朝前走着……咦，小猩猩看到了大象妈妈和宝宝，说道："抱抱，抱抱。"小猩猩抬头一看，又看到了小蛇妈妈和宝宝，说道："抱抱，抱抱。"另一边还有蜥蜴妈妈和宝宝，小猩猩说道："抱抱，抱抱。"这三个"抱抱"的语气，由回忆中的恍然，到新发现的好奇，再到"抱抱"勾起的渴望失落，来体会小猩猩的心情变化。

接下来小猩猩失落走着的过程，要稍微沉默停顿一会儿，让这种情绪弥漫一会儿。然后才是大象妈妈主动的善解人意的爱："小猩猩，让我带你去找你妈妈吧。"小猩猩爬上了大象妈妈的鼻子（委屈地）："抱抱。"大象妈妈点点头，开始带着小猩猩去找妈妈。他们遇见了豹子妈妈和她的宝宝，小猩猩说："抱抱，抱抱。"他们经过长颈鹿的家，看到了长颈鹿妈妈和宝宝，小猩猩说："抱抱，抱抱。"他们走过小河边，看到了趴在一起的河马妈妈和宝宝，小猩猩说："抱抱，抱抱。"又是三个不同语气的"抱抱"：一开始寻找的安慰语气，到慢慢的着急语气，正好过渡到三个"抱抱"之后的张嘴哭喊："抱抱。"情绪就是这样累积到一定程度的。

小猩猩忍不住"哇"地哭了出来："抱抱，抱抱。抱抱，抱抱……"哭着时的"抱抱"，是从张开嘴的大声，到小声伤心啜泣的。

"宝宝，宝宝。"妈妈来了，妈妈来了，妈妈张开着手臂来了。此时此刻，讲故事的妈妈，也就变成了小猩猩的妈妈，孩子自然也在这样的动作当中变成了小猩猩。

"妈妈，抱抱。"

"宝宝，抱抱。"

妈妈和宝宝说着，就紧紧地抱在了一起。

所有的小动物一起看着猩猩妈妈和宝宝说："抱抱，抱抱。"

小猩猩从妈妈的怀抱里蹭下来，他要干什么呢？他爬到了大象妈妈的鼻子上，紧紧抱住了大象妈妈："抱抱，抱抱。"

哇！所有的小动物看见了，也想抱抱了！猩猩妈妈和豹子妈妈"抱抱"；蜥蜴宝宝和小蛇宝宝"抱抱"……在这里，就可以让孩子自己观察自己来表达了。

"宝宝。"

"妈妈。"

小猩猩妈妈和宝宝一起拉着手回家了。

妈妈主动亲昵喊孩子，宝宝跟着喊妈妈，孩子和妈妈玩着这样的互喊游戏，把故事中的亲昵演变成自己和孩子的亲昵。

快递一个"抱抱"给宝宝，快递一个"抱抱"给妈妈。

所有的家人聚在一起，比如奶奶来扮演大象快递员，爷爷来扮演运送快递的长颈鹿，爸爸扮演取快递的河马，宝宝就是那个收快递的人。

游戏开始了：妈妈要去上班了，宝宝再见！接着上班的妈妈就开始想宝宝了，怎么办呢？于是妈妈就快递了一个"抱抱"，想要送给宝宝。于是"抱抱"的传递就开始了，先是大象快递员来接收了"抱抱"，然后把"抱抱"送给了运送快递的长颈鹿，嘀嘀嘀嘀，长颈鹿开着快递车，开啊开啊，开到了快递站，就通知河马爸爸来取快递了！最后河马爸爸把快递送给了在家里的宝宝。"抱抱"就这样成功快递给了宝宝。

反过来，如果宝宝想给妈妈快递一个"抱抱"，那么同样的玩法。爸爸想送"抱抱"，类推之。

13
好饿的小蛇

文 / 图：[日] 宫西达也

译：彭懿

出版社：二十一世纪出版社

📖 **内容简介**

　　一只戴着蓝色皇冠的小蛇，去森林里散步。第一天他发现了一个圆圆的苹果，"啊呜——咕嘟！啊——真好吃"。第二天他发现了一根黄色的香蕉，"啊呜——咕嘟！啊——真好吃"。第三天他发现了一个三角形的饭团，"啊呜——咕嘟！啊——真好吃"……第六天他发现了一棵结满红苹果的树，这回，好饿的小蛇会怎么样？扭来扭去爬上树，然后……张大嘴巴吃苹果吗？"啊呜——咕嘟"，怎样？竟然吃下了整棵树！怎样？还是"啊——真好吃"，还是和封面上一样，小蛇"呼呼呼"地睡着了。

✏️ **故事解读**

　　小孩子最喜欢的就是重复的节奏和旋律，这和他们认识世界的模式彼此呼应。《好饿的小蛇》正是这样富有重复节奏的一个绘本故事。好饿的小蛇，一天吃掉一种食物，每次吃掉食物的节奏都是"啊呜——咕嘟！啊——真好吃"，就像是在重复演奏一段旋律一样。小孩子喜欢这样重复的节奏，会让他们产生一种愉悦、满足和安全的感觉。

　　人生来最为显著的感受就是饱和饿，它也是一个人产生满足和幸福的首要驱动力。生物层面上如是，精神层面也是。对于年幼的孩子来说，饿了，大人就能够觉察到，或者想要大人呵护了，大人立刻就来抱起，都是非常非常重要的体验。心理学家称这一段时间是孩子形成信赖、信任感最重要的时期。绘本中，醒来的好饿的小蛇，就是非常顺利也自然地遇到了各种各样的美味食物，不需要等待，不需要索求。所以吃完了食物的小蛇又能够美美、香香地睡着了！你的脑海里是不是仿佛出现了一个这样天真、可爱的小宝宝？饿了舔舔嘴唇，妈妈就知道了，于是给他美味的食物；饱了，满足了，就美美地睡着。世界是安全的、可信赖的，我是安全的、可以被爱的，孩子获得的就是这样的生命感受。

　　这个绘本故事，还隐藏着一个可以焕发小孩子好奇心的机关。真是太好玩了，小蛇吃下苹果就变成了苹果的样子，吃下香蕉就是香蕉的样

子，吃下什么就是什么的样子，多么神奇。这样的一种神奇就会一直一直留在孩子的脑海里，形成对整个世界、整个宇宙神秘的向往和求索状态。小时候，趴在屋后河边的泥地上，就总是好奇那些蝉的幼虫是如何穿过那些不如米粒大小的洞口爬到树上去的。就是那种未知的神秘、神奇，一直绵延到现在，乃至未来。这并不是想要得到什么答案，而是一种心胸溢满神奇的感受，触发的一种好奇，一种对未知的神往，就仿佛是一种美妙的趣味，盈满在心头。每一次我都忍不住要讲述给我的孩子们听，他们一如既往地感染了我的心绪，眼中闪起那神往的光芒来。这好饿的小蛇也有这样的一种神奇。为什么吃什么就是什么样呢？我为什么不是吃什么就是什么样呢？答案是什么不重要，就是这种不停歇的好奇才重要。为了让这好奇热烈且绵长，第六天，好饿的小蛇居然吞下了一棵树，是的，不是吃了苹果树上的苹果，而是直接吞了这棵树，多厉害！生下来就比别的物种弱小的孩子们，都喜欢给自己赋予这样一股强大的未知力量。

孩子的成长，总是发生在害怕和好奇的张力之间，咕嘟，吞下的居然是一棵树，会怎么样呢？会怎么样呢？结果居然还是"啊——真好吃！"孩子自然会松了一口气，生活就是这样的，别担心，每一个孩子，都会这样安全、美满地长大。

💡 讲述建议

把握故事讲述的节奏，以引发孩子强烈的好奇心和体验超越的心理状态。

千万别把故事讲成不能像小蛇这样吃食物的说教故事，也别把故事讲成让孩子去复述故事的机械过程。那样就破坏了这个绘本故事本可以带给孩子的强烈好奇心。

这个故事事实上是一个饱、饿、饱的美满轮回。故事从封面上就开始了："有一只戴着蓝色皇冠的小蛇美美地（看小蛇的表情）睡在森林中的草地里（翻开环衬），醒来的小蛇，好饿好饿啊！他爬啊爬啊（翻开书名页）——啊呀，他张大了嘴巴，他怎么这么高兴呢？（停顿，留足悬念，然后翻开到正文）好饿的小蛇，扭来扭去，就像在散步，原来他发现了一个圆圆的苹果，你猜猜，好饿的小蛇会怎么样？啊呜——咕嘟！啊——真好吃。（伴随的是动作，张开嘴巴'啊呜'，吞下是'咕嘟'，然后才是感叹'啊'，最后是由衷的'真好吃'。）第二天，好饿的小蛇，扭来扭去，就像在散步。他发现了一根黄色的香蕉，你猜猜好饿的小蛇会怎么样……"

　　故事就这样重复着节奏往前，就是遇到带刺的菠萝，也是这样！变奏在哪里？变奏就在第六天："好饿的小蛇，扭来扭去，又好像在散步。这回，他发现了一棵结满红苹果的树，你猜猜好饿的小蛇会怎么样？"孩子一定会按照自己的生活经验，按照前面讲述的规律，认为小蛇就会爬到树上吃掉苹果呗。可是又有满腹的狐疑，毕竟前面已经吃过苹果了啊！小蛇是吃掉了一个苹果，还是一个个吃掉了所有的苹果？

　　故事慢下来，再慢下来："好饿的小蛇扭来扭去，爬上树，然后张开大嘴，'啊呜——'"还是慢，慢慢到下一页，"咕嘟"是快的。从"啊呜"的慢到"咕嘟"的快呈现一个戏剧性，触发的是瞠目结舌的好奇。会不会疼？可是，那边就剩下了一截树桩，而这边的小蛇还是那句"啊——真好吃"！这个"真好吃"来得更慢一些、更慢一些，而且是在慢慢爬回自己家的路途当中，因为需要更长时间来消化。

　　这第六天的一系列过程当中，我们只需要讲述"啊呜——咕嘟！啊——真好吃"，从"啊呜"的慢，到"咕嘟"的快，再到"啊"的慢，再到"真好吃"的快，把握好这种节奏，就能够让孩子体验到害怕、担心和超越后放松的心路历程。

"呼——呼——呼——"小蛇美美地睡着了！"有一只戴着蓝色皇冠的小蛇美美地（看小蛇的表情）睡在森林中的草地里——"故事就是这样轮回的呢！

活动设置

请孩子来参加配对活动。

准备图片：书中所有小蛇吃过的食物，以及小蛇吃过食物之后的样子。

玩法：打乱顺序，请孩子将食物和小蛇一一对应。在一一对应的过程中感知食物的种类和形状。

14

要是你给老鼠吃饼干

文：[美]劳拉·努梅罗夫

图：[美]费利西亚·邦德

译：任溶溶

出版社：少年儿童出版社

📖 内容简介

一只小老鼠走出家门，遇到一个同样走出家门边看图画书边吃饼干的小男孩。看到小老鼠，热心的小男孩递出一块饼干给小老鼠。要是你给老鼠吃饼干，他就会要杯牛奶。等到你给他牛奶，他会问你要根吸管。吃完了，喝完了，他会要块餐巾，他还要照镜子，看有没有牛奶沾在他的胡子上。他一照镜子，会看到他的头发得要剪一剪。他就会问你借把小剪刀……兜了一大圈，最后，小老鼠自然会要块饼干来吃。

✏️ 故事解读

我常常觉得这本书大人未必喜欢看，因为它的连锁反应符合孩子对事物进行关联的思维特点，但未必符合大人关联事物的逻辑。小孩子从一个事物关联到另一个事物，常常是动作性、表面性、经验性而且是"自我中心"式的。这样的现象在低幼孩子的言行当中比比皆是。比如我们正在讲述一个甘伯伯开车去兜风的故事，大家都在表达去哪里兜风的问题。年龄小一些的孩子听到汽车这个词，就会立刻表示："我家里也有汽车。"一会儿他又会由汽车想到他和爷爷奶奶去山东老家了！然后由山东老家想到他们老家的一条狗，由那条狗想到他和狗在一起时看到的天空中的线……

　　小老鼠就是这样一个孩子。他吃饼干，总是配着牛奶。而喝牛奶的
经验就是要用吸管的。而每次喝完牛奶，妈妈都要自己拿餐巾擦擦嘴。
这一系列关联都是动作性的顺序记忆。这就是小孩子特有的秩序感体现。
当几个月的孩子逐渐可以两眼固视之后，家里的什么东西放在什么位置，
对于他们来说非常重要，他们会"嗷嗷嗷叫"地指手要把某个东西放到
某个位置，如果没有，就会哇哇哭。按位摆放，可以给孩子带来安全感。
再大一些的孩子，对吃饭喂奶的动作顺序和方位也有讲究，一旦有某个
顺序或方位错位，他们必定会通过哭闹或者其他动作状态来表示抗议。
当我们精微觉察并保持，会给孩子带来心理安定和秩序。

　　小老鼠的一连串动作顺序记忆，就是一个孩子自己生活的真实写
照。喝牛奶最好玩的就是有牛奶糊在嘴唇上了。小孩子倒不见得觉得好
玩，我们大人看了却觉得忍俊不禁，要让小孩子去照镜子。照镜子之后，

就会有一连串的视觉触
及的事物联想，以及生
活经验所触发的事件联
想：剪头发，打扫头发
碎屑，累了休息就需要
床、毯子和枕头，一睡
觉就需要讲故事，一听
绘本故事就要看图，一
看图又忍不住要画……
而想着想着居然又回到
了吃饼干上面。往往是
大人惊叹于这样精巧的
设计，而小孩子并不在

乎。他们不在乎这样的精致形式，他们在乎的是那种关联、联想的内在模式，和他们内心本来的抑或渴望的心灵运作模式，抑或说和他们惯常所做的如此心有戚戚。可以说小老鼠就是小孩子自己，小孩子自己就是小老鼠，仿佛看到的是自己的故事。小孩子可以在故事当中看到自己，也可以随着小老鼠的关联行为体验到阅读的节奏欢快，以及把生活"再来演绎一次"的无比愉悦。

每次读到这个绘本故事，我都会想起幼儿园活动中的那些个如此关联想象的孩子，有时候你明明说的是这个话题，但话题当中你自己可能还没有注意的某个词语却引起了孩子的关联想象，于是活动室里往往就会开始一场热烈、七嘴八舌的事物或事件连接，永远停不下来，就像小老鼠这样，循环反复。

非常有意思的是，小老鼠还活力满满的时候，那个小男孩已经筋疲力尽地瘫倒在小椅子上了。那个小男孩有没有从小老鼠的身上看到自己平常的样子？抑或说那个小男孩有没有从自己的身上看到大人的影子？或者反过来，我们每一个阅读的大人，有没有从小老鼠身上看到自己孩子的特点？有没有从小男孩的身上看到自己平日的狼狈？

当我们大人了解孩子这样的特点时，我们的心里就自然生出了对孩子的理解。

💡 讲述建议

把自己变成一个孩子，走进这个绘本故事。

大人阅读这本绘本时，需要把自己变成一个孩子，才有可能理解这种关联、联想的秩序特点，才能把这个故事讲述得趣味丛生，富有一定的节奏和韵律，仿佛一首快乐的歌。

这个故事关键在于在这样的一种过程中去体验，而不在点破细节和规律。大人一旦忍不住点出细节，告知孩子联想的规律，那么那种有趣的感觉就会立刻烟消云散。

　　但是，小孩子的思维和行为的运作方式就像小老鼠一样，一旦进入这样的故事节奏，就会自然而然地联想起来。比如，小老鼠有了饼干要牛奶，小男孩就得回家拿牛奶，这时孩子就有可能联想到牛奶一定在冰箱里，也会想到小男孩爬上了三个台阶，小老鼠这么小怎么爬；比如看到小老鼠拿出的画笔，他可能也想到了自己的油画棒，有可能会拿来自己的油画棒，有可能会联想到自己曾经画过的东西，有可能会忍不住画起自己画过的某个事物来……作为爸爸或妈妈的你是不是忍不住说"宝贝，我们的故事还没有讲完呢""来，我们把故事看完吧"……是不是觉得孩子做什么事情都有头没尾？但事实上当我们对孩子这样的特点有所了解之后，我们就会用欣赏的目光看着正在关联、联想的他们。

　　能够看见孩子，能够懂得孩子，抑或能够和孩子做一回同龄的小伙伴，生活就会变得有滋味起来。

👥 活动设置

　　做一个联想游戏，看看一家人里面谁的联想最长。

　　第一层游戏：取一个一家人都熟悉的事物，看看大家看到它都想到了什么。

　　第二层游戏：在第一层游戏的基础上，看看谁想到的东西最多。

　　第三层游戏：在前两层游戏的基础上，大家开始关联、联想接龙，事物和事件均可。

15

月亮，生日快乐

文 / 图：[美]法兰克·艾许

译：高明美

出版社：明天出版社

📖 内容简介

　　月亮缓缓地从山那边升起来了。一头喜欢月亮的小熊抬头望着天空，心里想着，送一个生日礼物给月亮吧！可是他不知道月亮的生日是哪一天，也不知道月亮想要什么样的生日礼物。于是他划船渡过小河，走过树林，爬到比树更高的山上，开始和月亮交谈。没想到月亮真的回答小熊了。于是他决定用自己的零花钱给月亮买一顶帽子……

✏️ 故事解读

　　让人的内心变得柔柔软软的小熊，看着他好奇的眼神，看着他张大嘴巴的纯真，看着他萌萌的憨态，就像触摸到藏在我们内心深处的童年一样。这只小熊就是一个天真无邪的孩子，他让我们知道什么才是真正的孩子视角，什么才是孩子的思维逻辑和经验。

　　细细阅读故事，你就会发现这头小熊第二天就要过生日了。每一个孩子都喜欢过生日，因为过生日就会收到自己心仪的礼物啊！于是孩子自然而然就会产生各种美好的想象和憧憬。

　　而这种憧憬和想象的情愫，到了晚上不就更盛了吗？不管是站在院子里，还是躺在床上，去看天上的月亮，都是我们的下意识。我到今天都记得小时候躺在窗户旁边的床上，望着天上的"月亮粑粑"的情形。

就是到了我自己有了孩子的时候，我孩子的爷爷奶奶也带着他去看、去说"月亮粑粑"，他常常会睡在窗下弯弯的沙发上好奇地去看天上的月亮，月亮时而圆亮，时而弯弯。当过生日的憧憬和看月亮的情景彼此遭逢在一起的时候，可爱的孩子气就出现了。

所谓孩子气，就是在孩子的眼里，万物都是有生命的，月亮也不例外。我要过生日了，月亮当然也有自己的生日啊！

嗯！送一个生日礼物给月亮，不是挺好的吗?! 这是一个内心多么柔善的小熊！内心有爱的孩子，常常是因为他认识的这个小小的家的世界，对他如此友善有爱，那么他也会对别人友善有爱。在他眼里，世界本来就是这样的。爸爸或者妈妈一定会早早地问他，你的生日就要到了，你喜欢什么样的生日礼物啊？所以他也要去问月亮的生日是在哪一天，月亮喜欢什么样的生日礼物。

他爬上高高的大树，这样可以靠近月亮，和月亮说话。这是孩子对距离的直觉。可是当他和月亮打招呼的时候，月亮没有回答。根据孩子的经验逻辑，他认为就是因为太远了，所以月亮听不见自己的招呼。在他的心里，山是高的，一定要爬到高高的山上，月亮才能听见自己的声音。于是他渡过小河，走过树林，爬上高山。世界果然与自己想的是一

于是，他划船渡过小河……　　　　走过树林……

样的，月亮回答了。小熊喊"嗨"打招呼，月亮也喊"嗨"回应，小熊高兴极了。每一个孩子得到世界的回应时都会这样激动，何况这还应了自己的理解逻辑。

我常常觉得这并不是简单的山之回声，而是爱的回应。这本绘本的作者法兰克·艾许仿佛在告诉我们：每一个孩子都需要这样坚定不变的爱之回应。只要孩子有所问，那个回应就不会断，持续、耐心且永恒不变。所以这个看似科普的过程，孩子们百读不厌，就是作为大人的我也同样如此。

"生日快乐！"小熊说。
"生日快乐！"月亮说。

友善有爱的小熊，和每一个小孩子都是一样的，思维的特性是自我中心的。在他的眼里，月亮和自己一样喜欢过生日，喜欢得到生日礼物。小熊回家去小猪储钱罐里拿钱买帽子，并倒出了全部的钱。这份爱是彻底的。把帽子挂在树上，给月亮戴，也只有孩子才想得出来。当月亮刚好和帽子靠在一起的时候，也只有孩子才会欢欣雀跃。

世界在孩子的心里是神奇的。他们还不够丰富的经验，却往往造就了他们对这个世界更多神奇的想象和奇妙的理解。一定是风吹落了树顶的帽子，落在小熊的门前，可小熊认为这是月亮送给自己的生日礼物。

这就是小孩子的想法，自我中心式的想法。

可就是这个月亮送给自己的礼物，却被风吹走了，而且即使渡过小河、穿过树林、爬上高山也没有追到。于是小熊和月亮倾诉了自己的歉意，这是让人内心变得无比柔软的内疚。他说，我把你送我的那顶漂亮的帽子搞丢了！这份歉意背后彰显的小熊内心的谦逊，我是多么想要把它传递给我遇到的每一个孩子！

小熊这样和月亮说，月亮也这样和小熊说，小熊释然了。他说，没关系，我还是一样喜欢你。这是小熊对世界的包容和温柔。于是世界也回馈给小熊包容和温柔。

这是这个绘本故事的至善至美。

💡 讲述建议

不要急着给孩子灌输回声的科普知识，而是要教孩子感受回应之中的爱和理解。

讲述这个故事，需要展现出故事蕴含的韵律和节奏美：渡过小河、穿过树林、爬上高山这样穿越自然世界的节奏，其中体现了韵律和诗意。每次讲到这里的时候，我就会和孩子一起站起来，一起撸起袖子，佯装拿桨开划，就仿佛唱着一首划船的歌。然后我们会快乐地走过树林，树在我们身边徐徐后退。最后我们开始"嘿呦嘿呦"着爬山，一直爬到最高的那座，那里有一个月亮，我们开始和月亮说话。

和月亮说话的过程其实是回声的客观反应，但是对于孩子而言却不是这样的。在这里不要过早地给孩子讲述科学的概念。是不是回声，不那么重要，重要的是爱的回应。所以这个讲述是体验式的、感受式的，只需要一遍遍地讲述，在阅读的过程中去感受回应的这种永恒不变性给予自己的安全感和确认感。

"嗨！"

"嗨！"

"告诉我，你的生日是哪天？"小熊问。

"告诉我，你的生日是哪天？"月亮回答道。

"嗯，我的生日刚刚好就是明天耶！"小熊说。

"嗯，我的生日刚刚好就是明天耶！"月亮说。

"你想要什么生日礼物呢？"小熊问。

"你想要什么生日礼物呢？"月亮问。

小熊想了一会儿，回答说："我想要一顶帽子。"

"我想要一顶帽子。"月亮说。

小熊想：太棒了！现在我可知道该送什么给月亮了。

"再见了。"小熊说。

"再见了。"月亮说。

就是让孩子在一遍又一遍的对话中，体会回答的不变和永恒，尤其是那些日常内心感受和想法常常被忽视或轻视的孩子。不过对于每一个孩子来说，都有这样的心理体验。毕竟他人又怎么可能那么充分理解到自己的内心世界呢？所以不管对于哪一个孩子，重复阅读、重复体验，就是一种爱的按摩和抚触。

"你好！"他喊着。

"你好！"月亮回答了。

"我把你送我的那顶漂亮的帽子搞丢了。"小熊说。

"我把你送我的那顶漂亮的帽子搞丢了。"月亮说。

"没关系，我还是一样喜欢你！"小熊说。

"没关系，我还是一样喜欢你！"月亮说。

"生日快乐！"小熊说。

"生日快乐！"月亮说。

这一段也是同样的重复讲述、重复感受。它对于塑造孩子的柔软心灵，有着非同寻常的魔法功效。

活动设置

月亮是幼小孩子心中理想的爸爸妈妈！让爸爸妈妈来做书中的月亮，孩子来做书中的小熊，一起来表演《月亮，生日快乐》。

首先，父母和孩子准备需要的材料：一个金色的月亮，一顶帽子，一个可当作储钱罐的物件。

其次，父母和孩子来布置家、小河、树林、高山以及月亮：哪里当小熊的家，什么来做小熊家门前的大树（比如椅子），哪里是小河，哪里是树林（比如几张小凳子），哪里是高山（比如沙发），哪里是卖帽子的店，等等。

最后开始表演，让孩子在自己和扮作月亮的爸爸妈妈的对话之中，感受故事所想要孩子体悟的爱和安全、美和善良。

16

下雪天

文 / 图：［美］艾兹拉·杰克·季兹

译：上谊编辑部

出版社：明天出版社

📖 **内容简介**

　　小男孩彼得一觉醒来，窗外的世界都变白了！他换好外套就迫不及待地出了门，雪堆得好高啊！脚踩进雪地里发出嘎喳嘎喳的声音，印出一行行脚印；拖着脚还可以在雪地上画出一条条印痕，他在雪地里发现的树枝也可以画线；树枝还可以拍打树上的雪，雪掉下来，就落在彼得的头上；做一个微笑的雪人，在雪地里扑腾出一个天使；假装爬上高高的雪山，再一路滑下来；最后还把雪压成硬硬的雪球带回家，想要留到明天玩……温暖的房间里，他把自己在雪地里那么多好玩的事情告诉妈妈，他一直想着那些好玩的事情。睡觉的时候，他去摸那雪球，可它却不见了，他好伤心……

✏️ **故事解读**

　　在这本绘本的最后，有梅子涵老师写的导读。他说这本绘本里满满的童年、童年里喜欢做的事情。小彼得走着走着，就走成了一首诗。这首诗就是小彼得那样的生活，那样的生命状态。那是一种忘我的、没有目的的自在生活；那是一种喜悦的、充满发现的、时时都在创造的、刻刻都在想象的生命状态。孩子们纯然天然地过着这样的生活，而长大的我们就失落了过去的自己。当然，也有很多人起意寻找，比如这本书的作者艾兹拉。

每个人都想找回这样的自己、这样的童年。我最初喜欢上这本书，就是因为那个把雪球藏在口袋里的细节。我不知道它是如何牵拉到我内心深处的某根心弦的，我就是莫名地对它着迷、为它牵挂，非得拥有这本书，就仿佛非得找到自己失落的童年似的。我有一种隐隐的直觉，它准能俘获孩子的心，因为它说的就是我们身边的那些个孩子。彼得做的事情，正是每一个孩子干过的事情，或者想干的事情。每一个孩子读了这本书，就如同遇到一个有共同语言的人；每一个孩子看到大人喜欢这本书，就如同遇到一个可以理解他们的人。

每一个人，哪一个不为睁眼醒来看到的窗外白雪而惊叹？几乎没有！茫茫的白雪，会吸引每一个成人，何况是孩子。我自己就是那种迷恋聆听脚踩进雪里发出的嘎喳声的人。一声嘎喳，不够；再来一声，不够；再来，再来……彼得也是呢！不仅如此，还要回头去看看地上深深浅浅的脚印。由脚印引出了一连串的创造性联想：用脚拖出一条长长的印子，用树枝画出一条长长的印子。咦，树枝还可以敲打树高处的雪。啊，雪掉落在自己的头上了！每一次讲述到这里的时候，孩子们都是一阵善意的笑。是的呢，不是嘲笑，只是禁不住笑。

最令我心动的是彼得觉得打雪仗一定很好玩，但他知道自己还不够

嘎喳、嘎喳、嘎喳，他的脚陷进雪地里。
他一下子脚趾朝外走，

一下子又脚趾朝内走。

大。自知，是多么难得的品质啊！当讲述故事的爸爸妈妈拥有这样的理解时，讲述故事的语气和感觉，一定是不同的。

小孩子有小孩子的玩法。小彼得堆雪人，在地上用手和脚扑腾出一个小天使；假装去爬山，再从山上滑下来；然后带一个心爱的雪球回家。如果是我，我也会呢！就是现在长大了的我，也很想这么做呢，和我的孩子一起这么做！可惜他总是告诉我："妈妈，会融化的。"我总觉得我的孩子太早接触科学道理了，就失去了这种乐趣。

于是，他做了一个微笑的雪人。　　又做了一个天使。

故事并没有揭晓不见的雪球去哪里了。彼得只是做了梦，梦见雪融化了。而醒来的彼得又见到了纷纷扬扬的雪，故事又回到了开头。

好的故事就是这样的，并不急着说教，给予孩子一个认知的科普答案，而是在孩子的心灵深处撒下一点自然的神奇、探求的好奇……

💡 讲述建议

不要轻易揭晓雪融化的秘密。模糊处理，往往会使得思绪留得更久一些。

讲述这个故事有几种情况：

第一种情况就是现在正下着雪，孩子和彼得一样从外面玩雪归来，那么和孩子讲一讲彼得的故事，孩子就仿佛找到了一个对话的相知好友。边讲着彼得的玩雪故事，边讲着孩子自己的玩雪故事，享受对话的快乐。

第二种情况就是现在正下着雪，孩子还没有玩过雪。那么别急着讲故事，就让孩子去玩雪吧！或者和孩子一起去玩雪。真正的玩雪，比在书中看人玩雪，更有趣！

第三种情况就是现在不是下雪的季节，但孩子有玩雪的过往经验。那就正好讲讲彼得的下雪天，来勾起自己和孩子对下雪天的回忆。注意创建聊天的氛围，不是向孩子发问，而是和孩子共同回忆，轻松畅谈。

第四种情况就是现在不是下雪的季节，孩子也没有玩雪的经验，甚至自己所在的地方终年无雪。那么和孩子讲一讲彼得的下雪天，然后一起憧憬：什么时候会下雪呢？如果不下雪我们怎么能玩到雪？制造一场雪，还是到有雪的地方去玩一玩，都可以。制订一个去雪里经历一番的计划，让生活变得有滋有味起来。

活动设置

不管有没有雪，不管在什么季节，我们都可以来玩一场好玩的打雪仗。

把家里的废旧纸张揉皱，团成团，就成了一个个纸雪球。将家里的人分成两队，分别站在床的两边，两队分得同样数量的纸雪球。这样就可以在家里玩打雪仗了。

我记得我和 2 岁的儿子玩这个游戏时，全程都是"咯咯咯"的笑声，好像直冲上阳光灿烂的天空！打中了笑，没打中时也是这样的笑。

17

晚安，月亮

文：[美] 玛格丽特·怀兹·布朗
图：[美] 克雷门·赫德
译：阿甲
出版社：北京联合出版公司

📖 **内容简介**

　　天渐渐地黑了，小星星们从窗子外探出了头，一颗，一颗，又一颗。在一个绿色的大房间里，一只小兔子躺在自己的床上，手轻轻抚放在被头，眼睛看着绿色房间里熟悉的东西：跳过月亮的母牛，坐在椅子上的三只小熊，小猫，手套，小老鼠……

　　看着，看着，夜更深了。晚安，月亮；晚安，跳过月亮的母牛；晚安，小熊；晚安，手套……小兔子，睡着了。

✏️ **故事解读**

　　这是一本神奇的图画书。它神奇在书中各种熟悉事物的套叠式布局：一幅跳过月亮的母牛画，贴在另一幅三只小熊画中家里的墙上；《逃家小兔》故事中的画面藏在《晚安，月亮》的故事当中。入睡的环境当中，抑或说孩子的生活环境中，这样的布局会给人熟悉、温暖的喜悦感和安定感。

　　它还神奇在诸多事物的细节变化上：光线的渐次变化，小老鼠的行走变化，老奶奶的来去变化，房间里钟表上指针的变化，台灯的变化，窗外月亮星星的变化……好奇的天性，常常让我们在这些拍案叫绝的变化和细节布局之间流连忘返。听说，跳过月亮的母牛和三只小熊坐在椅子上都是布朗小时候的记忆。大人们往往就在这样的某种神奇关联中追忆自己的童年，感受到某种慰藉。

我们试着把这些细节和变化全部还原成孩子的真实生活：爸爸妈妈给孩子准备了这样一个安宁、静谧的卧室环境，在这里，墙上有孩子喜欢的《逃家小兔》《三只小熊》的故事场景；有那首孩子最喜欢的晚安童谣 *Hey Diddle Diddle* 的画。有意思的是，三只小熊也和小兔子一样喜欢 *Hey Diddle Diddle*。

晚上七点，小兔子独自上床了。没有一个小孩子上床就能够睡着的啊！可就是到了上床的时间，那么唯一的乐趣就是去看周围的一切。小时候夏天住在乡间，纳凉的时候，我就是这样把周遭的一切看个遍的。眼睛上方的电话和红气球，自然还要看到那最喜欢的跳过月亮的母牛。然后视线又落到了更广阔的空间：小猫、手套、袜子和自己的玩具小房子。视线回到近处小圆桌上那把小梳子、刷子和一碗糊糊。就是在这个当儿，奶奶悄悄走了进来。奶奶是来陪小兔子睡觉的，她轻轻地打开了台灯，把房间的大灯关了，她的"嘘"表示要入睡了。小兔子就是这个时候说晚安的。

晚安，房间。

晚安，刚刚从窗户旁爬上来的月亮！是的，就是刚刚还看不见的月亮，现在已经能够从窗户里看见了。

晚安，我最喜欢的跳过月亮的母牛。

晚安，灯光。晚安，红气球。

哦，对了，还要和小熊说晚安，还要和小熊的椅子说晚安。小兔子是爬出被窝说的。

晚安，小猫。晚安，手套。

晚安，大钟。晚安，短袜。小兔子，坐在被头上，嗯！还有很多东西没有说晚安呢！

晚安，小房子。晚安，小老鼠。

为什么要一个个地说过，因为还不想这么早就睡。小兔子转过来看看，还有呢！晚安，梳子。晚安，刷子。嗯！我还要和不在这里的人说晚安。对了，还要和糊糊说晚安。或许小兔子就是自己把灯调暗了！嗯，好吧，奶奶，晚安。小兔子睡到被窝里去了。

晚安，星星。晚安，天空。奶奶熄了灯走了。

晚安，所有角落里的声音。

当我们把故事和生活还原、融合之后，我们就发现了背后隐藏的文化和生活方式。小兔子上床的时候，房间里钟的指针指向了七点。我想起了史蒂文森的那首《夏天在床上》：

冬天天没亮我就要起床，
在昏黄的烛光下穿衣裳。
如今夏天变了样，
天没黑我就得上床。
我不得不上床，

眼睁睁看鸟儿还在枝头雀跃，

听着大人们的脚步声，

依然在街道上回响。

这真令人难过，

外面的天空这么晴朗，明亮，

我真想再玩一会儿，

可天没黑我却要上床？

这是不是小兔子的心情呢？夏天七点上床的心情，真是非常有意思。当年我正是受了史蒂文森这首诗的影响，所以在我孩子很小很小的时候，也让他自然而然地形成了七点上床的规律。一直到孩子 10 岁左右，才自然地将时间往后进行了推移。

这个在床上、入睡前的时光，真是一个非常奇妙的时光：白天的回想、无际的遐思、神秘的憧憬、问题的咀嚼、心中城市的构造等，一切的天马行空的想象都在这里驰骋。我清清楚楚地记得孩子上了一年级的时候，学校里开始学习拼音，熄了灯的房间里不时传着轻轻的"b-a-ba""d-e-de"的试拼读。

不想这么早睡的心情是有的，但是没有任性，没有胡搅蛮缠，有的只是把这段时间变成自我琢磨、自我享受的时光。这是不是给我们做爸爸妈妈的带来一些启发：自然而然地形成某些生活的秩序；在形成秩序的过程中，多在环境上下功夫，比如营造这样一个安静、安宁的入睡环境——有物质层面的，比如房间的色彩和灯光；有文化层面的，比如经典摇篮曲，跳过月亮的母牛画；也有人的层面的，比如奶奶坚定、温和的提醒和默默的守护。

于是，所有的晚安，都随着孩子内心的温柔而如此软糯。

把绘本故事还原成孩子的生活故事来讲述，把孩子的生活故事巧妙融入绘本故事里去。

每一个孩子爬上床准备睡觉的时候，我们都可以给孩子讲述这个变成了一本书的摇篮曲。我们可以把孩子抱在怀里讲，可以坐在孩子的床边看着被窝里的孩子讲，也可以坐在孩子卧室的某个软软的沙发上开始讲述……总之，就是营造一个全然温暖的氛围。

讲述的语气，当然也需要有一个这样充分柔软和容纳的感觉。不是直接读绘本里的文字，可以把小兔子还原成一个和自己孩子一般大小的孩子来讲述：

天渐渐地黑了，钟里的时针也指到了七点，小兔子该上床睡觉了。他换上了睡衣，脱了鞋，爬上了自己的床。可是，可是，眼睛还睡不着呢！那边有一个电话机，我妈妈有时候用它来给外婆打电话。嗯！我喜欢让我的气球飞到屋顶上（此处，或许还有某些和自己孩子相关的生活场景可以编进去），我最喜欢妈妈唱的那首有关跳过月亮的母牛的童谣了……

小兔子看到的每一个事物都是孩子生活中的事物，必定关联孩子生活的故事。那么这个生活的故事就可以融入到小兔子的故事里面去，让孩子感觉到亲切和温暖。进而就到兔奶奶进来关灯的时候了——

兔奶奶悄悄地走进来，轻轻地打开了台灯，把房间的大灯关了，"嘘"！嗯！到了睡觉的时间了！窗户外面，月亮已经慢慢地升上了天空。

好吧，晚安，月亮！晚安，跳过月亮的母牛……一个"晚安"比一个"晚安"更加轻柔，直到"晚安，奶奶"。

奶奶轻轻地关了台灯，走了。小兔子很困很困了。他看着窗外，轻轻地说了声"晚安，星星；晚安，天空；晚安，所有角落里的声音"，然后就睡着了！

18

谁吃了我的粥？

文：［英］M.克丽斯蒂娜·芭特乐
图：［英］丹尼尔·豪沃斯
译：汪芳
出版社：江苏凤凰少年儿童出版社

📖 内容简介

　　有一只小熊不爱喝粥，妈妈就把他的粥端给了森林里可怕的魔鬼熊吃。小熊认定森林里没有魔鬼熊，可是第二天加了蜂蜜的粥、第三天加了浆果的粥，都被吃掉了。而且大家还玩起了可怕的魔鬼熊游戏，这一天晚上小熊做了一个可怕的梦，梦见了吃掉自己粥的魔鬼熊，追着自己还要喝粥。吓得第二天吃早饭时，小熊吃掉了两碗粥。到底有没有魔鬼熊呢？它是什么样子的呢？小熊很好奇，你一定也很好奇，一起来看这本书吧。

✏️ 故事解读

　　不知道从什么时候起，吃饭问题成了父母头疼的事情。不爱喝粥的小熊就是这样，吃饭成了老大难。小熊的爸爸妈妈是操心也用心的父母，第一天小熊不要吃粥时，妈妈说："所有的小熊都要吃粥，所以，他们长得又高又壮。"交代了自己简单的要求，也说明了提这个要求的原因，即爸爸妈妈希望小熊长得又高又壮，所以必须喝粥。生活中有很多父母，因为想要尊重孩子，不想强迫孩子，常常给孩子讲一个小孩子要喝粥才有营养的道理。常常给孩子讲某种食物含有丰富的营养，过度讲述，常常影响了孩子吃饭的心境和体验。

　　生命成长的过程中，有一些必须要做的基本事情，比如吃饭，比如爱惜生命，等等。小熊妈妈指出了这一点。小熊妈妈有没有强迫孩子呢？并没有。当小熊表示不吃的时候，她说那就给可怕的魔鬼熊吃了。在此我们就可以厘清一个问题，真正的尊重是什么？给孩子讲道理讲到孩子喝粥为止，并不是尊重，只是换了一种方式强制而已。孩子喝粥更多的是对于外力的妥协。而小熊喝粥并不是这样，父母自始至终只是告诉小熊这样的要求，并没有用任何方式来强求孩子。他们一直悄悄地在粥上用心，比如第二天爸爸给粥加了小熊爱吃的蜂蜜，第三天奶奶给粥加了小熊爱吃的浆果。小熊就是不吃，不吃就算了，爸爸妈妈将粥端给了森林里的魔鬼熊。

　　小熊的爸爸妈妈深深懂得小熊的心。哪有小孩子不好奇魔鬼熊的存在呢？哪有小孩子不会去看自己碗里的粥到底有没有被吃掉呢？爸爸妈妈，爷爷奶奶，在这件事上配合默契，加了小熊喜欢的食物，可他还是不吃，小熊身上也有任性的成分。而魔鬼熊就有一种"戒"的成分。小熊不吃粥，魔鬼熊吃粥，一个越来越弱小，一个越来越强大，对于小孩子来说是一种可怕的对比。再加上所有的亲戚朋友都认同魔鬼熊的存在，小熊的认知要发生变化了。这种变化不是来源于父母的强制给予，而是来自小熊自己的体察和思考。当小熊内心动摇时，他一点也不吵，也没跟任何人说话。但是妈妈并没有拆他的台，只是说他累了。

小孩子内心的纠结总是会通过梦来显现。小熊做梦了，做了一个可怕的梦。他梦见了魔鬼熊追着自己要吃粥，而在梦里，小熊吃光了自己的粥。梦给予了小熊改变的力量。所以第二天早上小熊居然吃了两碗粥，并且还帮爸爸妈妈、爷爷奶奶干活了。那个任性的小熊仿佛一下子长大了，变得懂事，变得理性，变得能干了……其实在小熊的内心里，已经经历了一系列复杂的转变过程，只是看不见而已。

所以在小熊内心真正发生转变之后，魔鬼熊是否存在就无关紧要了。它只是锦上添花的"关心和帮助"，给故事抹上了温暖的色彩罢了。

💡 讲述建议

给吃饭任性的孩子讲述这个故事，不着急讲述温馨的结果，将故事讲到小熊的转变即可。

想要通过这个故事来帮助自己解决孩子的吃饭问题，需要厘清一个点：那就是家里那个不吃饭的小孩子，是因为像小熊这样任性，还是对某一种食物有特殊的抵触。如果是后者，那么可能就是孩子确实对某一种食物的口感、味道不能接受。每一个人都会有一两样自己实在不能接受的食物，这是正常的。比如有的人对菠菜的涩不能忍受，有的人对羊肉的膻味不能忍受，等等。

如果一个孩子因为任性不好好吃饭，他会在阅读这个故事时，代入小熊的角色去体验。他会跟着小熊好奇魔鬼熊的样子，好奇魔鬼熊到底有没有吃掉粥，也会跟着小熊的梦感受到思虑过后的害怕。每一个生命天性渴望自己变得强大，所以当一个孩子的内心还没有发生转变时，不要着急去讲述魔鬼熊是谁的结果。你会问，小孩子翻到这一页时，会要求讲述这一页的故事，那么我们可以即兴讲述：所有的小动物都很好奇魔鬼熊到底是谁。留下思考的问题，让小熊和阅读的小朋友在心里慢慢咀嚼和回味。等孩子在吃饭任性的问题上有了悄然的转变时，故事的讲述才可以跟随着发生变化，到那时就可以顺理成章地讲出故事原本的结尾。

🗣 活动设置

当孩子有吃饭问题时，不管是吃粥，还是吃饭，允许孩子在粥里或者饭里，像爸爸和奶奶那样，添加自己喜欢的食物。爸爸妈妈可以和孩子玩一个"碗中种菜建城"的游戏。比如给孩子的饭碗里，种下一棵树（西蓝花），架起一座桥（西葫芦）……发挥无穷的联想，把吃饭变得好玩又有趣。

19

谁藏起来了

文 / 图：[日] 大西悟

译：蒲蒲兰

出版社：二十一世纪出版社

　　小狗、老虎、河马、斑马、袋鼠、狮子……一共 18 个小动物在书的每一页排着整齐的队伍，和认识它的孩子们做游戏。一会儿是驯鹿藏起来了，一会儿是小兔子哭了，一会儿又是大河马藏起来了，一会儿让你猜猜谁生气了，一会儿让你找找谁的头上长着犄角，一会儿又让你找找谁藏起来了……和小动物玩游戏的主意一个接着一个，让孩子乐此不疲。

✏️ **故事解读**

　　小孩子天生都喜欢动物。我还记得儿子 1 岁多的时候买了一套 4 拼、6 拼、8 拼、12 拼的动物拼图。他就每天摆弄拼接，到最后，就算拿出一块只有尾巴的拼图方块，他也能很快说出那是谁的尾巴。而这本绘本，就是用了精巧的情节设计，来达到这样的认知目的。

　　小孩子认知事物的特点非常神奇，他们能够把握一个事物的整体，同时又对一个事物的细节尤其关注。比如他们认识过这本绘本里的所有小动物后，他们往往比我们大人都能更快地叫出这个小动物的名字。我和幼儿园的每一届小朋友都玩过这本书，此时此刻的小孩子，他们的观察力、记忆力以及专注力似乎比我们大人还强。

　　小孩子喜欢一次又一次地重复玩。因为从书的前面到书的后面，难度是一点点递增的。小孩子几乎不用想就会告诉你书名页的动物是大象。这只大象仿佛是这场游戏的组织者。他首先带你来认识这 18 个动物，然后在第一次游戏中把一个动物的身体藏起来让你猜。第二次游戏是一个小动物哭了，第三次又是一个动物藏起来，第四次是一个小动物生气了。等你差不多熟悉了每个动物所在的方位空间时，第五次游戏就藏了 3 个动物，而第六次游戏需要你回答出有犄角的 5 个动物。虽然数量多了，但是回答哪些动物有犄角，不需要记忆，只需要观察，这是在帮助孩子巩固对小动物细微特征的表象建构。

而第七次游戏和第五次游戏同样也藏了 3 个小动物，这是让孩子轮流辨识不同方位上的小动物。到了第八次游戏的时候，难度进一步递进，因为当小动物背过身去，很多细节就消失了！而对于小孩子来说，整体比起具有关键特征的细节来说，辨识起来更难。所以第八次游戏在前面空间记忆的基础上，尝试辨识一只背过身去的动物。第九次就藏了和前面几次都不同的 4 个小动物。是的，数量从 3 个增加到了 4 个。这其间的设计实在太精妙了。你可以据此跟不同年龄的孩子玩不同难度的游戏，比如六七岁的孩子，就可以和他来感受数量的变化了。

第十次游戏，居然又换花样了。有一个动物睡着了，请找出来。眼睛并不是动物最为关键的辨识点，所以需要更为细心的观察。这次游戏只需要找出一个睡觉的小动物。

第十一次游戏，如果你算一算前面藏的小动物数量，就应该能够算出他可能会藏几个小动物了。是的，应该是 6 个，这样刚刚好，所有的小动物都藏了一次。

说到这里，你就会发现，犀牛已经比别的动物多玩了一次游戏了。当到了第十二次游戏的时候，熊也多玩了一次游戏。每个人都应该玩两次游戏的，小孩子常常喊着要公平，这也是这本书可以给孩子带来更多思辨点的地方。

基于前面十二次游戏的观察和记忆，那么到了第十三次，所有的动物都来到黑夜里的时候，你还能通过眼睛辨识它们吗？抑或当它们都在环衬页背对着你的时候，你还能辨识出它们吗？精妙的就是孩子可以凭借空间方位的记忆来进行辨识。

💡 **讲述建议**

注意游戏的难度要由易到难。

根据孩子的不同年龄来决定要怎样和孩子玩这本绘本。

如果是 1 岁左右的小孩子，那么就把本书看作认知类书籍。和小孩子看看上面都有哪些小动物，爸爸妈妈说一个小动物的名字，小孩子用小手指指出来。

如果是 2 岁左右的小孩子，在最前面介绍 18 个小动物的时候，可以和孩子在这一页玩一玩"一只藏起来"的游戏。用自己的手慢慢地遮住其中一个小动物，让小孩子猜一猜谁躲起来了。手遮住的动作可以由慢到快来进行变化。那么接下来就可以和孩子照着书上的游戏玩起来了。因为孩子在相对有难度的页面，可以根据小动物的空间方位来进行辨识。不要让孩子在超越自己认知记忆难度的状态里进行游戏，否则容易影响孩子的兴趣。

如果是 3 岁以上的孩子，就可以将数量加入游戏当中去，以增加游戏的难度和趣味性。比如数一数各种颜色的小动物各有几个，大象玩了几次游戏，等等。

👥 活动设置

将 18 个小动物复制下来，让孩子按照书中的排列顺序进行排列。然后让孩子蒙上眼睛，将小动物用手扣住，让孩子猜一猜谁不见了。抑或是直接拿走几个小动物，让孩子猜一猜谁不见了。

注意事项：拿走小动物的数量要从少到多，游戏由易到难。

20

是谁嗯嗯在我的头上

文：[德] 维尔纳·霍尔茨瓦特
图：[德] 沃尔夫·埃布鲁赫
译：方素珍
出版社：河北教育出版社

📖 **内容简介**

　　有一天，从地下伸出头来的小鼹鼠遇到了一件倒霉的事情，不知是谁的嗯嗯刚好掉落在他的头上。他气呼呼地去寻找到底是哪个讨厌鬼嗯嗯在他的头上。他问询了一个又一个动物，每一个动物都用自己的嗯嗯证明了自己没有嗯嗯在他头上。原来每一个动物的嗯嗯形状都不一样，每一个动物都有自己与众不同的嗯嗯。怎么办呢？小鼹鼠找到了一个对嗯嗯有专门"研究"的专家——苍蝇，他帮小鼹鼠找到了那个讨厌鬼。可是，没想到小鼹鼠自己一不小心也做了一回嗯嗯在别人头顶的讨厌鬼……

✏️ **故事解读**

　　小孩子认识这个世界，是从妈妈的乳房、自己的身体开始，然后慢慢向外拓展物理距离。而和自己的身体、生活紧密相连的屎尿屁，应该是孩子早期认知世界的一部分，而且是非常特殊的一部分。因为它可以让孩子开始感受他人因好恶而有的不同状态，甚至可以说，本来小孩子对屎尿屁的好奇和对其他事物的好奇并无二致，而大人对屎尿屁不同的态度，会聚焦孩子的好奇和注意，因而强化了他的感受。

　　因此，我们需要正确看待自己对屎尿屁的认识，它们看上去是废物，但它们的正常排泄，却是我们生命健康的保证；医生可以从它们的变化上去判断我们的身体健康与否；它们是肥料，是其他生命重生的土壤……当我们正面梳理自己对屎尿屁的认识之后，我们才有可能让孩子对它们的好奇回归到原本的状态。

那么，关于嗯嗯的故事，再没有比这个绘本故事更为精彩的了。为什么这么说呢？

一是因为它的科学客观性。不管是说到屎尿屁就神秘兮兮、故意窃笑的孩子，还是对之表现好奇的孩子，只要从讲述故事的人那里感受到一种类似介绍一张桌子的语气，孩子们就会立刻转换成求知、求解的好奇状态。而这本书本身就具有这样的魔力。每一个动物都和自己一样，都有嗯嗯。而且每一个动物的嗯嗯还是不一样的。这会极大地引发孩子的好奇，自主去关注、观察并且辨析。

二是因为它的直观形象性。嗯嗯本身的直观形象，会让孩子立刻沉浸在主动辨析哪一种动物是哪一种嗯嗯的探究状态中。孩子对嗯嗯的兴趣，其实就是对生命本身的好奇。孩子好奇这个世界的奇妙，每一个生命的嗯嗯居然都是不同的。谁又是对嗯嗯研究最多的呢？这个世界不奇妙吗？居然还有动物专门是吃嗯嗯的，专门吃它的动物当然就会有很深的研究了。这些都会使孩子产生对大千世界的无比好奇。

这个绘本故事另一个特点就是体现了小鼹鼠的情绪情感。这样的故事编撰真是太精妙了。小鼹鼠从地底下伸出头来，想要享受这美好的天气。无巧不巧，一条长长的、好像香肠似的嗯嗯掉下来，糟糕的是，它正好掉在小鼹鼠的头上。对于一个小孩子而言，最气恼的往往就是这个。小孩子的头往往是最敏感的地方，从本能来说是不肯让人碰的地方。这是其一。其二就是这么脏的东西掉在自己头上，是谁做的呢？这个时候，小孩子要么去向大人告状，要么就是要去找肇事者。小鼹鼠就是第二种。小鼹鼠手叉着腰、眼睛瞪着、嘴巴说着的样子真是太直观形象了，它会

一下子刺激得阅读的孩子也要立刻去寻找肇事者。

问题就在于这样憨直的小鼹鼠，通过苍蝇终于知道是谁嗯嗯在他头上时，自己的嗯嗯却掉落在大狗的头上。还是要慨叹故事编撰的精彩，符合小孩子的身心的特点。幼小的孩子往往是忍不住大小便很长时间的。我清清楚楚地记得儿子小时候在阳台上说要小便，跑到客厅时已经忍不住尿了。但因为我们日常不在意的态度，他自己也自然地如我们一样拿了拖把去拖。我们都能够感觉到他大小便慢慢自控的过程，也是一个距离更加靠近厕所的过程。所以说小鼹鼠没有忍住的这个情节，在很大程度上安抚了那些大小便在慢慢自控过程中的孩子。

小鼹鼠的害羞，不是在"没忍住嗯嗯"上，而是在他刚才"那样生气的指责"上。原先没有经历自己的"没忍住"，所以才没有理解他人的"没忍住"。而现在从自己的行为上，瞬间理解了他人的行为。在这样的自我观照中，小鼹鼠害羞了，这是宝贵的害羞。

💡 讲述建议

讲述这本故事保持客观、认真、严肃的态度。

首先，讲述故事的爸爸妈妈，要像"故事解读"中所说的一样，需要正面理解屎尿屁现象，克服自身携带的下意识态度。

其次，注意故事的四个刻画点：一是小鼹鼠享受好天气和嗯嗯掉落的倒霉，二是小鼹鼠气极要去寻找肇事者的形态，三是思考谁是研究嗯嗯的专家，四是小鼹鼠害羞的原因。讲述故事的爸爸妈妈充分理解这四点之后，就可以更好地把握讲述故事的语气和节奏。注意，不是直接刻意来表现这几个刻画点，而是经由自己充分的理解来影响自己讲述的语气和节奏。

对于"辨析动物和动物嗯嗯"这一个故事最核心的环节，需要注意的是小鼹鼠一次次问询语气的变化，它是一个从质问到好奇的变化过程。因为一开始小鼹鼠在气愤的情绪中，当然更多是质问的语气。但慢慢地问着问着，就像一个小孩子一样，被生命本身的奇妙吸引了，就变成了好奇的语气。需要注意的是，讲述需要用认真、严肃、客观、好奇的语气，和讲述其他事物时的语气一样。

这本书是献给会自己到厕所"嗯嗯"的孩子的。爸爸妈妈要认认真真地把书名页这一句话讲述给孩子听。并且给孩子准备适合孩子高度的嗯嗯马桶，帮孩子一起做他喜欢的标记。我当年就是在孩子的小马桶后墙上贴了一只小老鼠。他每次要大小便的时候，都会说："我去找小老鼠了。"

随着孩子慢慢长大，可以在马桶前面准备一个小台阶，再慢慢地去掉小台阶……让孩子经由"嗯嗯"这一件生活事件，能够体会并看见自己成长的过程，体会生命生长的力量。

🗫 活动设置

将书中的小动物和小动物的嗯嗯分别打印，和孩子玩配对游戏。有机会可以带孩子到有动物的地方观察其他动物的嗯嗯，将其加入配对游戏。

21
我爱洗澡

文：[日] 松冈享子
图：[日] 林明子
译：彭懿
出版社：海豚出版社

文：[日] 松冈享子
图：[日] 林明子
译：彭懿
出版社：海豚出版社

📖 内容简介

　　一个叫阿真的小男孩特别爱洗澡，每次洗澡都带着他的小鸭子波卡。这一次一开始走进热气腾腾的浴室时，一切都和往常一样，小心地滑，感受水冷水热，冲洗身子，抹上肥皂，搓搓胳膊，搓搓肩膀……可是波卡只知道玩，玩着玩着，寻常的浴缸里来了不寻常的大海龟、双胞胎企鹅、海狗、河马，甚至鲸鱼也来了。大家一起洗澡真是太好玩了，不信你也来试试。

✏️ 故事解读

　　说到洗澡，这个叫阿真的小男孩，是自己主动走进热气腾腾的浴室的，脸上的表情也充分说明了他的喜欢。可以想象这不是他第一次洗澡，他有很多次洗澡的愉快经验，这种愉快的体验促使他对洗澡迫不及待。洗澡的过往经验，包含洗澡的程序、洗澡的情绪情感体验以及洗澡所遭遇和感受的整体。比如带着小鸭子，觉得和小鸭子互相喜欢，这些都是阿真的自我感受，是一种爱和被爱的自我确认。小孩子和其他事物的关系模式最初来源于父母，可以说，阿真是被父母充分爱着的阿真，阿真也是充分爱着父母的阿真。

关于洗澡的程序，妈妈一定叮嘱过，浴室的地很滑，要小心哦。进入浴缸，首先要试水冷水热，那可能就是妈妈经常会做的事情，现在变成阿真做的了。阿真把手放进浴缸里感受水的冷热，就像妈妈平时那样。话是小鸭子波卡回答的，但其实也是小男孩阿真感受后说的。果然，阿

真和小鸭子的对话，立刻就被浴室门外的妈妈重复了。在这个细节上，我们可以感受得到，妈妈体察阿真有能力自己洗澡的细微，在这细微当中，又通过问询水冷水热延伸自己对阿真的照顾和爱，让阿真在走出妈妈照顾的过程中有一个缓冲地带。教育的智慧恰恰就彰显于此。

我想起儿子小时候第一次洗澡，他对此有不太舒服的体验。可能是水温，因为大人小孩对水温的体感不同；也有可能是因为水流到眼睛耳朵鼻子里的不舒服。这些不愉快的体验，促使他对水有了抗拒。为了改变这种印象，作为妈妈，我首先让自己坐到浴缸里，然后把他温柔地抱在怀里，让他重新有在子宫里被包容呵护的感觉，这是一种和水类似的感觉。最为关键的是，孩子喜欢的水温相对成人是低一些的。当他被抱在怀里的时候，慢慢地用手抄起一点点水，轻柔地扑扑他的胸口、小脚、小手，就像我小时候妈妈对待我一样。我至今都还记得我的妈妈每一次搁好澡盆，放上烧开的热水，然后一遍又一遍地兑冷水，用手试水温。每一次我都从这一遍又一遍的试水中感受到妈妈的用心。孩子是不敢一下子就坐到水里去的，妈妈每一次都用手抄上一些水来拍拍孩子的胸口、小脚、小手等，缓解情绪的紧张。

就是这样一次又一次的怀抱，整整一年多，儿子才能够像阿真这样

喜欢洗澡。在这个过程中，体现的是妈妈对阿真感受的充分理解和允许，这是一个允许孩子的真实感受做主的家庭环境，所以阿真才有了迈向自主独立洗澡的可能。而且在这个过程中，你可以感受到他洗澡的条理和秩序：冲湿身子，在浴缸里泡一泡，爬出浴缸用毛巾抹上肥皂搓身体的各个部位……

如果允许小孩子原地试探洗澡、自主感受水温，那么就没有一个小孩子不喜欢洗澡的。洗澡看起来是一个要把自己洗干净的任务，水又是一个每个小孩子都喜欢的事物。于是谨守规则的阿真把自己的一半内心变成了小鸭子波卡。

小孩子的玩具常常就有这样的功能，代替小孩子做一个可能不太被认可但又无比好玩的事情，自己可以永远做一个好小孩。这样的心理功能，帮助小孩子释放了一部分自我，又促进了那个"好的自己"的健康发展。

浴缸底下有一只大海龟，话是小鸭子波卡说的，但其实就是阿真自己想象的。有可能是自己在洗澡，而波卡却只是浮在浴缸的水面上，什么也没有做。它或许被阿真的手一压，就压到水底下去了，可是手一松，小鸭子又浮了上来。这个"浮了上来"的动态就引发了对话的想象之旅。

双胞胎企鹅来了，争论谁是哥哥，有可能是阿真的阅读经验，有可能是阿真自己的经验，也有可能是阿真同伴的经验，就被关联到自己的想象之旅当中来了。谁拿到滑走的肥皂谁就是哥哥，可是肥皂被一只海狗吞下了肚子。于是吐肥皂泡又变成了新的游戏。胆小的河马被吵醒了，可能哪个故事当中的河马脏兮兮的，是一只想要洗澡的河马，这是一只爱干净的河马。反正河马被阿真带到了游戏当中，但是阿真又被这个河马拉到了洗澡的主题。

洗澡的诸多细节，就是妈妈告诉阿真的诸多细节，在帮助河马洗澡的过程当中用到了，比如洗洗耳朵后面，洗洗脚指头。其实就是阿真自

己的经验。这么多泡沫，是要冲洗干净的，是淋蓬头冲吗？在阿真的想象中，是鲸鱼在喷水。泡泡不见了，于是大家又一起进入了浴缸，要在里面泡多长时间呢？阿真和妈妈洗澡的经验是数数。耍赖有吗？有的，平时阿真肯定要过。大海龟也是阿真自己呢！

当鲸鱼其实也就是阿真数到 50 的时候，声音引来了妈妈。而妈妈一来呢，所有的动物都躲到水里面藏了起来。确实只有小鸭子波卡没有藏，也只有它跟着小男孩阿真出了浴缸。被妈妈用浴巾摩挲着、擦拭着的时候，阿真还在刚才的想象和游戏当中。那真是一次愉快的经验啊！

每一次我儿子自己在浴缸里洗完澡，我都会把包着浴巾的他抱到床上，之后是各种浴巾秀造型，咯咯咯的笑充满了整个生活的、心灵的空间。幸福就是这样的。

◌ 讲述建议

当你想要尝试让孩子独立洗澡时，阅读这本书，让孩子有所好奇、有所期待；当你的孩子有能力独立洗澡时，阅读这本书，让孩子有所共鸣、有所想象。

这是一本既可以阅读图也可以阅读文的绘本。所以如果一个小孩子自己有洗澡的丰富体验，那么他就一定会非常有共鸣地自主阅读这本绘本，一次又一次被吸引。而年龄相对小一些的孩子，一边阅读，还会一边跟着小男孩阿真来洗澡呢！可能会说，阿真，你的肩膀没有洗呢，你的胳肢窝没有洗呢，你的脖子还没有搓干净呢，等等。当阿真开始想象游戏之旅的时候，处在这样一个想象和现实相互交错年龄段的孩子，他会情不自禁地跟上，会告诉你还来了什么动物，如果在日常生活中你的孩子对河海里的各种动物比较熟悉的话。所以这是一本非常适合小孩子独立自主阅读的绘本。

当然你也可以和孩子一起阅读，来度过美好的想象时光。你可以提出一些诱发好奇和思考的问题。比如遇到的双胞胎企鹅想要比赛谁做哥哥，那么遇到的海狗会做什么呢？遇到的河马呢？遇到的鲸鱼又会干什么呢？再比如妈妈来了，为什么小动物就不见了呢……

活动设置

让孩子来一次充分自由、充分自主的洗澡，水温由大人调试，其他都由小孩子自己选择：玩具自己选择，自己带进去；洗澡时间自己选择是长还是短……让孩子有机会来一次洗澡的想象之旅。不追问，不索求，只让孩子愉快地度过洗澡的当下。

22
棉被山隧道

文：[日] 那须正干
图：[日] 长野英子
译：彭懿　周龙梅
出版社：二十一世纪出版社

📖 内容简介

　　阿健睡不着的时候，最喜欢钻被窝玩了！钻啊钻就钻出了一条隧道，棉被山隧道！从隧道口一看，就看到了隔壁爸爸妈妈的房间！另一头呢，钻啊钻竟然钻到了一片原野上，好朋友由美居然也在这里。太神奇啦！阿健和好朋友在这里爬山、滑滑梯、爬树、玩电车游戏、捉迷藏……太累了，可是怎么回去呢？阿健沿着棉被山隧道爬回家，可当他醒来的时候却发现，那是一个不熟悉的地方。那是哪里呢？阿健钻到哪里去了呢？

✏️ 故事解读

　　我记得小时候，我家那张四面围合的雕花大床，每一次妈妈都会把提花被子三折成长方形，整整齐齐摆放在床的里侧。而我和妹妹，最喜欢的就是爬上这高高的棉被，在上面又跳又蹦，打滚翻跟斗。我记得在学校里很羡慕人家会打虎跳（侧手翻），可自己怎么翻也是像个癞蛤蟆一样趴着。因为特别怕摔下来疼着。于是棉被上就成了我练习的地方。当妈妈铺好床之后，我们姊妹两个又会从棉被的下面钻到东、钻到西，到今天我依然记得那被窝顶头洞口的光亮。

越来越多的绘本作者愿意还原童年时代的有趣生活。那软绵绵的棉被给我的童年带来太多太多的幸福感受了。它柔软得足够保护我们、包容我们、呵护我们。这个绘本故事让我感觉到全世界孩子的童年都有着同样的欢乐。

阿健就和我小时候一样，喜欢钻被窝玩。和我小时候跟爸爸妈妈睡一张床不同的是，阿健是一个人睡一个房间的，但是妈妈给自己的房门留了一条缝，让阿健可以感觉到爸爸妈妈在家而不至于害怕。但是爸爸知道阿健可以独立了，所以他把门给关上了。阿健说"真没劲"的口气，以及后来钻被窝所有的想象世界，也恰恰证明了这一点。

猜想阿健也就是两三岁吧！我记得儿子是 3 岁时自己主动要睡到自己房间去的。一开始我们也是和阿健妈妈那样，坐在他的床边，坐在他房门外的客厅里，我们大人房间的灯亮着，孩子就这样一步一步过渡到

完全独立入睡。而有了独立入睡能力的儿子，让我们见证了他许许多多入睡前的想象世界。比如他自己脑海里造出的"怡群"国家，他在里面修路建桥，架构各种机构设施；比如他在睡前这段时间里筹划他的探险小分队……

阿健也是这样一个有能力在独处的时间里让想象天马行空的小孩子。他想象棉被山隧道的另一头，就是一片原野，而自己的好朋友也在那里。阿健想象所有的小孩子都通过钻棉被山隧道来到了这里。所有的棉被自然就成了棉被山，在棉被山上又蹦又跳实在是舒服啊！从上面滑滑梯下来，也不会疼。

阿健一定很喜欢爬树。他的想象开始像脱缰的野马般无拘无束。所有的游戏都是阿健平常喜欢玩的。如爬树，玩开电车游戏，捉迷藏，在河里捞鱼，抓小龙虾……玩好了当然是要回家的。可是这么多棉被山隧道口，哪个才是自己的呢？

接下来的想象很是大胆新奇。阿健和好朋友由美钻进了对方的棉被山隧道，于是第二天早上就在对方的家里了！这样的感觉既有点害怕又很好玩，应该是每一个小孩子都很憧憬的刺激吧！

这样的绘本故事，写出了生活的细节，玩出了游戏的高度。

💡 讲述建议

阅读和游戏融合在一起的绘本，就是和孩子读起来、玩起来。

和孩子共读这本绘本时，注意和孩子一起观察页面上的诸多细节。比如阿健入睡前是在独自看书的；比如阿健房门的对面就是爸爸妈妈的房间；比如阿健的被子上都是恐龙的花纹，而由美的被子上都是郁金香；比如阿健妈妈的电话是打给谁的呢……而这些细节都是孩子能够充分感受这个绘本故事深层趣味的地方。

这样的绘本故事还特别适合在和孩子分床、分房前进行阅读。让孩子在充分体会到棉被山隧道的有趣之后，触发孩子一个人睡的意愿。如果爸爸妈妈有了和孩子分床、分房的想法，那么在讲述这个故事时，语气就要着重在：一是阿健爸爸妈妈对阿健的留门所体现的时刻关注上，让他体会到不管他在哪里，当他需要保护的时候，爸爸妈妈都会在第一时间赶到；二是给孩子一个心理暗示，那就是"他也可以像阿健一样"；三是一个人睡，可以想太多太多好玩的事情了。

在这样的绘本故事营造的有趣氛围里，如果爸爸妈妈也能够回忆起自己小时候的棉被游戏，那么也可以在孩子入睡前和孩子一起分享。

🎎 活动设置

1. 和孩子玩"钻棉被山隧道"游戏，想象一下棉被山隧道出口是一个什么地方。

2. 和孩子一起开发更多好玩的棉被游戏，比如孩子躺在棉被上，爸爸妈妈拎起棉被荡秋千；比如把棉被折成长方形，在上面爬行……

23

好饿的毛毛虫

文/图：[美]艾瑞·卡尔

译：郑明进

出版社：明天出版社

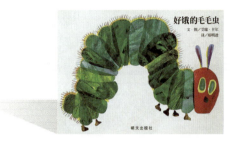

📖 内容简介

　　月光下有一颗小小的卵。星期天早晨，当一只小小的毛毛虫从卵中爬出来后，就开始了它吃的旅程。它从星期一吃到了星期天，一直吃到自己变成了胖胖的大毛毛虫。然后它就开始给自己造了一个叫"茧"的房子，在里面住了很长很长时间。最后，它在茧壳的上面咬了一个洞，从里面钻了出来。它怎么也不敢相信，自己变成了这个模样。小小的毛毛虫，到底变成了什么模样呢？

✏️ 故事解读

　　这是一个再经典不过的绘本故事，已经有很多人解读过它。我们的确可以从多个维度解读它。

　　比如每一个食物身上被毛毛虫咬过的洞洞，婴儿喜欢去抠它。

　　比如书的绚烂色彩会一下子吸引住孩子的目光，让孩子忍不住翻阅。

　　比如小孩子第一次感受世界时，就是靠嘴巴，那么毛毛虫啃过的那些食物，无疑是孩子感兴趣的东西。

　　比如小孩子对于喜欢的东西都想要吃，当毛毛虫吃下那么多东西时，往往让小孩子尤其有共鸣。

　　比如小小的毛毛虫怎么给自己造一个房子。到了对科普有兴趣的年龄，每一个孩子都会对此感到好奇。小小的毛毛虫终于变成飞舞的花蝴蝶，这对于年幼的孩子来说，是一种自身形象的象征，也是一种蜕变的象征。为什么这么说呢？心理学家阿德勒认为，人生来就有自卑感，因为人一生下来就需要依赖他人而生存。这小小的毛毛虫，最终会蜕变而飞翔起来，这就是梦想照进现实的成就和喜悦。

再比如对星期以及数量的感知，作者设计得别具匠心。从上一个星期天，到下一个星期天，小小的毛毛虫每天吃的食物的数量，也对应着日期的变化。书页也呈现一种阶梯形的变化，孩子自然就可以从这样的变化当中猜测星期几吃了几个水果。

再比如从文字的节奏和韵律上来看，这本书很具有诗意的气息。让孩子在毛毛虫从容地边爬边咬的旅程中，去感受成长的节奏，去体会文字营造的氛围。

所以这是一本可以多维度、多年龄层次、多感官通道阅读的绘本，也是一本可以给孩子带来很多快乐、给大人带来很多启迪的绘本。

💡 讲述建议

对于创意型绘本，我们可以选择多种阅读方法。

这是一本可以让孩子自主阅读，也可以大人和孩子共读的绘本。这也是一本不限年龄阅读的绘本。

如果是一个几个月的婴儿，可以让他拿着书啃一啃，用小小的手指抠一抠，发展自己的感官认知。

如果是一个大孩子，可以去感受成就和自信。一只爬行的小小毛毛虫，它有一个飞翔的梦想，经过啃食的历程，经过日积月累，它终于蜕变成蝶，飞舞在自由的天空。

如果是对科普感兴趣的孩子，就可以从中感受毛毛虫的生长历程，体会它蜕变成蝶的惊奇。父母可以提供一些科普视频，带孩子去大自然里观察卵和蝶。

如果是对音乐感兴趣的孩子，可以配合小提琴协奏曲《化蝶》来阅读，在故事阅读中感受《化蝶》的旋律和节奏。

如果是对数字敏感的孩子，父母可以和孩子一起制作星期一到星期天的卡片，同时制作不同数量的水果或毛毛虫吃过的其他食物，进行配对游戏。

如果是特别喜欢思维挑战的孩子，父母可以进行提问，和孩子进行思辨训练："毛毛虫总是觉得很饿，那它为什么不把食物吃完呢？""蝴蝶还是小小的毛毛虫的时候，它有没有想到自己会飞到天空中去？""当小小的毛毛虫变成蝴蝶飞上天空的时候，它觉得自己是毛毛虫还是蝴蝶？"……

这是一本好玩有趣的绘本，你可以发挥自己更多的创意，来欣赏它。

我们用身边可以找到的材料来制作一只好饿的毛毛虫。

参考方法：

1. 把握绿色身体和红色头部的色彩特点，选择材料。可以是食材，可以是废旧材料，也可以是纸。

2. 可以用艾瑞·卡尔老爷爷的方法来做一只好饿的毛毛虫：选择颜料给纸张涂上毛毛虫身体的各种颜色，制作各种色纸，然后剪贴这些色纸。

24
小房子

文 / 图：[美] 维吉尼亚·李·伯顿
译：糖果鱼 李响林
出版社：江苏凤凰科学技术出版社

📖 **内容简介**

　　坐在山冈上的小房子，看日月沉浮，看四季更替，一天又一天，有些腻味。它好奇于远处城市的灯光，就像我们好奇诗意的远方。终于有一天，小房子看到了测量员和随之而来的大车，修建了第一条公路。继而就来了更多的汽车，更多的加油站，更多的商店，更多的高楼，通上了有轨电车，通上了高架列车、地下铁……周围的世界在一点点改变，一切都变得急匆匆的。好奇的地方，未必是自己喜欢的地方。小房子既孤独又难过，它常常梦见曾经开满雏菊的田野，还有在月光下跳舞的苹果树。待在大城市的小房子后来怎么样了呢？还好，那个把小房子盖得很好的主人的孙子的孙子的孙女来了……

✏️ **故事解读**

　　记得儿子 3 岁左右迷上了这本书。每一次睡前选择图画书的时候，他都会选择这一本。不但要求我们连续讲很多遍，自己也会反反复复翻阅很多遍。那时候我一直很纳闷，这样一本在当时的我看来有那么一点说教意味的书，一个小孩子何以这样感兴趣呢？初中的时候他说，他所喜欢的事物都有一个共同点，就是在一个范围里面，要么是各种事物规律地、有条不紊地进行，要么就是生机勃勃地发展。高中的时候他说，他喜欢感受一种事物在变化着的状态和规律，仿佛有一种俯瞰的视角。而这本书给他的影响非常深刻。刚刚迈入大学的他，又发来这样的一段总结：

> 我现在觉得我当时的感受用我现在的知识解释大概可以概括为两点：一是以上帝视角在一张图片中看尽人间百态，总览可以看到一个城市或乡村（准确来说是聚落）的总体图像，细看可以看到同一个空间中不同的人和物不同的形态，我比较喜欢这种由大到小、由小到大观察天地万物的感觉，这可以概括为横向观察；二是可以看到一个地方从乡村到城市（就是聚落的发展）的变化过程，在现实中的短时间内看到书中跨越数个时代的变迁，让我感受到了时间的力量，轻轻翻过书页，便是沧海桑田，几幅图画，寥寥数笔，便带领读者走过波澜壮阔的历史长河，这可以概括为纵向观察。而以上两点又处处围绕着小房子，让我不仅仅是看到了以上两点，也让我看到了大背景中、大时代中一个小房子的经历，周围的世界快速地流动变化着，小房子却没有变，这也吸引了我的注意，感觉在沧海桑田的时代中，能把目光收拢在小房子上。

什么才是影响孩子未来思维模式和生活模式的关键因素，它们时常就像宇宙的浩渺神奇一样吸引着我去探秘。儿子对这本书不由自主地着迷，在长大后依然深刻的印象，使这本绘本在我的眼中变得无比神奇。

环衬页就是一个小房子以及它的周围世界在时间里绵延发展的动态，就单单从小房子的视角看山坡下的车吧！一开始是人骑着马，慢慢地是马拉着车，然后是人骑着车，再后来骑的车开始有了动力装置，后来的后来，骑的车就演变成了汽车……确实经由这样的一个视觉可见的脉络，

阅读的人会自然获得一个整体把握的思维方式。

在这本图画书中，处处有着把一个事物在一段时间里完整的动态变化搁置在一张图上的模式。比如在一天里，从升起到落山的太阳全部画在一张图上。有人担心孩子会说天上怎么有这么多太阳。嗯！不会的，我做了这么多年的幼儿园老师，还没有遇到这样的情况。每一个孩子似乎都能轻松意会到太阳的升起落下。由此，孩子就获得了纵览太阳一天流程图的整体视角。比如在一个月里，月亮从瘦瘦的新月亮变成一轮满月，再慢慢又变回瘦瘦的老月亮的过程，孩子就获得了纵览月亮一个月流程图的整体视角。从完整看待一天到完整看待一个月的整体把握，是孩子未来思考问题非常关键的核心能力。还不止于此，图画书还从一天，一个月，过渡到描述一年四季的更替变化。这样一种流转，让人对更大范畴里的现象有了一种意识的驾驭，生命的力量感就是由此孕生的。

我记得儿子阅读这本书的时候，当时的他最为欣欣然的就是小房子周围开始变化的时候，那些精微细致的刻画：先是测量员测量路线，接着卡车挖路、运送、卸下大石头、小石头、沥青、沙子，最后蒸汽压路机压平道路。建造路的过程是可以在孩子的脑海中产生具体表象的，是孩子可以理解把握的直观形象。

孩子可以从小房子周围变化的整个过程，去真实感受一个事物是如何发生着具体实在的变化的。它符合一个孩子对外界事物可见、可感受的理解水平。

图画书甚至还巧妙呈现了更为广阔的生命的生生不息，生生不息的无限延续感。比如一开始把小房子造得很好的主人就说，她要一直看着自己的孙子的孙子的孙子的孙子的孙子的孙子住在里面。而且，就在小房子身陷大城市的时候，无法再感受日月起伏、四季更替和生命轮回的时候，就是那位主人的孙子的孙子的孙女回来了，带走了小房子，带它找到了原野的中央，中央的小山冈，小房子找回了自己最喜欢的生命状态，也就是找回了自己，从此心神俱安。

人生不也是这样的吗？童年时代，我们就如同小山冈上的小房子一样，无忧无虑地长大，却对远方的世界充满好奇。于是我们上路去远方寻求我们内心好奇的一切，一路上结交朋友，一路上格物致知。我们一路寻找，一路发现，最终明白我们想要寻求的原来就在我们身边，就在我们心里。

对自然的渴望，是生命的天性；对自我的追寻，是生命的需要。

当孩子提出问题时，要能够及时积极地回应孩子。积极回应不是给予孩子一个标准答案，而是引发孩子去观察和思考。

这本图画书本身具有很深的奥义，但未必要将这个奥义白描出来给孩子听。孩子只需要在和爸爸妈妈共读抑或自主阅读的过程中，去自然体验这种整体的思维视角。在一次又一次的阅读当中，去磨砺这样的思维视角。

小孩子就像人类早期的哲学家一样，是富有研究精神的。他们对世界的好奇不逊色于早期的那些哲学家。所以这本图画书会自然地吸引孩子去观察和感受。爸爸妈妈在给孩子讲述这本图画书的时候，注意引导孩子去观察环衬页里的变与不变。比如提问："在这里什么在变化？""那什么又没有变呢？"对于小孩子而言，问题要分开来一个个问。

再比如描述太阳升起和落下的时候，为了帮助孩子更好地理解和感受，可以指着书中对应页的第一个太阳，开始讲述："小房子坐在山冈上，非常开心地看着它四周的乡村田园。清晨，六点钟的时候，它看着太阳升起。这是七点钟的时候，这是八点钟的时候……一直到黄昏六点钟的时候，它看着太阳落下了山。一天又一天，每一天都有一点儿不一样……"也就是说，把这个变化过程变得更具体，更可以被孩子感受和把握。月亮的月变化，也可以用这样的方式讲述。

而四季更替的变化，故事中从色彩和内容上都已经非常鲜明，爸爸妈妈讲述的时候可以融合自家门前的某个具有四季变化鲜明特质的事物来讲述，这样可以让孩子的感受更加深刻。

小孩子往往对如何造路、如何盖房、如何架桥、如何挖地下铁有着十足的兴趣，那么在这些地方也可以融合相关的科普书籍来看。

故事的最后，要把小房子终于找到自己归属的那种安静、平和讲述出来。爸爸妈妈自身对这个图画书的理解往往最终就体现在讲述的语气和节奏中。

和孩子玩搭建游戏，搭建小房子的世界。

搭建的想法可以由父母自己提起："我来搭一个小房子，小房子周围有什么呢？嗯！有一棵树……"

用一个圆形的东西代表太阳，一边讲一边演示太阳升起落下的情形。而月圆月缺，可以用白色的圆形纸片，和一把剪刀配合来演示完成。

小孩子可以扮演春天的那棵树，春天花儿开了，夏天结果了，秋天落叶满天飞，冬天变得光秃秃。

接下来，我们想要在小房子周围建造什么呢？就看爸爸妈妈和小孩子自己的创意啦。

25

不要再笑了，袋袋！

文／图：［日］庆子·凯萨兹

译：汪芳

出版社：江苏凤凰少年儿童出版社

📖 **内容简介**

　　袋袋是一只爱"咯咯咯"笑的小负鼠，负鼠妈妈要教给他一样逃脱敌人追捕的本领，就是装死。不管妈妈假扮成饥饿的狐狸，还是一只可恶的狼，或者是一只可怕的野猫，袋袋总是忍不住咯咯咯地笑出来，真是一点办法都没有。要是真正的敌人来了，该怎么办呢？负鼠妈妈决定带袋袋到森林里去练习，她要假扮成一只凶巴巴的大熊。可就在妈妈像大熊一样咆哮着扑过来的时候，真正的大熊从森林里冲了出来，这下，负鼠妈妈和小负鼠马上就倒在地上，一动也不动了。可是，大熊却哭了！这是怎么回事呢？

✏️ **故事解读**

　　小负鼠袋袋"咯咯咯"的笑，让我想起了儿子小时候也是这样的笑。那笑，就像小豆子一样，撒落在整个空间里，然后哗啦啦直冲向天空。这是一种非常纯粹、清澈而通透的笑，让人听了既疗愈又羡慕。

　　可这笑却让小负鼠妈妈很头疼，因为她要教给小负鼠一样最重要的本领，每一只小负鼠都必须学会的本领，那就是装死。因为负鼠是依靠装死来逃脱天敌追捕的。负鼠妈妈许诺小负鼠学会了就给予虫子馅饼作为奖励。负鼠妈妈还是一个善于策略教学的妈妈，她通过假扮天敌的方

裳裳又开始装死

这次，妈妈假扮着一只可恶的狼，用爪子在他的身上搔啊戳啊……裳裳又忍不住笑了起来，他叫着求妈妈别再戳了，真的好痒啊！

"我就吃馅饼了吗？"他问。

"不行。"妈妈责怪他，"一只死了的负鼠是不能叫的！"

式来和小负鼠进行情境练习。所以说这是一个智慧且温柔有爱的妈妈，希望孩子有能力面对生存中有可能遇到的困境，对此未雨绸缪。

可是小孩子比我们大人更容易活在当下。每一次妈妈的鼻子、爪子在小负鼠上闻啊，戳啊，甚至把他拎起来晃，小负鼠要么觉得痒痒，要么觉得太好玩了。小负鼠，活脱脱一个小孩的模样。儿子小时候，你伸过手去，还没碰到他，他就先咯咯咯笑个不停了。仿佛身上的每一块儿都有痒痒细胞，只要稍稍碰碰，就痒痒得不得了。要是和他游戏则更甚，一点点不经意的小事情，也会让他咯咯咯地笑，仿佛快乐随时能溢出来。

所以说，小负鼠，是多么率性、开朗的可爱小孩。

负鼠妈妈的定位，在身负的教育责任中，在爱子心切中；而小负鼠在自己天性所赋予的快乐里，在当下体验里。前者象征着每一个孩子在成长过程中必然要面对的社会化过程，后者象征着每一个孩子天性所赋予的个性化属性。一个人成长中既需要个性化历程，又需要社会化历程，看似矛盾、对立的两个面，如何协调统一呢？

故事的后半段对此给予了很好的回答。当负鼠妈妈和小负鼠在森林里进行情境练习的时候，一只真正的大熊出现了。而事实上，一旦进入真正的现实处境时，每一个孩子都会慎重、严肃和认真对待的。就像小负鼠一样，真正的大熊声音出现的时候，即使被鼻子闻、爪子戳抑或被拎着晃，他也不会叫，不会笑，更不会动。每一次我看到这里的时候，我都非常想要告诉我所认识的爸爸妈妈们，请相信孩子天性好奇，请相信孩子天性爱学习，请相信孩子的天性里有呵护生命的本能……也就是说，在孩子个性化的历程里，也自然有着社会化的需求。人类本来就是群居的生命物种，人的本能就是在这个自然界里能够安全生存。这是不是也给予我们的教育一些启发？那就是让孩子多实践、多经历，这样学习会更加有效。

这个绘本故事并没有止于此。它还描述了可以把别人吓坏的大熊，自己却哭了。这又是为什么呢？小负鼠要装死逃避天敌，但是大熊却想跟爱笑的裳裳一起笑。可能你不需要的正是别人需要的，别人不擅长的正是你自己擅长的。这对于如今的小孩子来说，是一个多么重要的自我认识啊！很多孩子要么太自负，觉得自己什么都行；要么太脆弱，觉得自己做什么都不行，或者不愿意学。那么经由这本绘本，可以让孩子感受到，大熊再大，也有不会的事情，比如不会笑。负鼠再小，也有大熊没有的东西，比如他的生活处处充满快乐。

就是小负鼠的这份欢乐感染了大家，快乐就像打哈欠一样具有强大的传染力，结果所有的动物都禁不住笑了，笑声把整座森林都震动了。

不管是看似凶巴巴的大熊，还是看似弱小的小负鼠，其实内心都充满柔软。他们互相道谢，谢谢对方让自己学会了各自所要的本领。于是最搞笑、最幽默的场景出现了。小负鼠和妈妈请大家吃他们认为最美味的虫子馅饼，结果大家都不笑了，一个接一个倒在了地上。负鼠和负鼠妈妈非常疑惑地看着大家："难道他们是在装死？"这就是负鼠的思维啊！

每一个大读者和小读者，阅读到这里，都会深深地感觉到人与人之间大大的不同。

💡 讲述建议

故事情节本身的曲折和悬念足够吸引孩子，只要讲述就可以了。

这个绘本故事中天真可爱的小负鼠，就是小孩子本身，所以本身就足够让你笑，让你乐。爸爸妈妈讲述这个故事的时候，去用鼻子闻一闻、拱一拱孩子，去用手戳一戳、挠一挠孩子，他定会像小负鼠一样咯咯咯地乐呵起来。

而且，这个故事有多个逆转，拥有悬念和惊奇的逆转。比如去森林里扮演练习，孩子自然就会想象各种可能性。而的确可能性又如期而至，真正凶巴巴的大熊来了。孩子在心情紧张的同时自然对负鼠产生赶快装死的期待，而负鼠如其所愿自然就会了装死。这是每一个孩子想象里所期待的强大的自己。

这是第一个逆转。那第二个逆转呢？就是故事到这里就可以结束了，可偏偏没有结束。因为大熊居然哭了，这又是为什么？原来大熊想要看看咯咯咯笑的负鼠能不能让不会笑的自己也笑起来。这就是一个意外的逆转。

当然还有第三个逆转，更为惊奇的逆转。那也是负鼠和负鼠妈妈始料未及的。当他们请大家吃虫子馅饼的时候，大家居然都晕倒了。大家都害怕虫子啊！我听到虫子也会觉得头皮一麻。这不得不让负鼠妈妈和小负鼠惊讶，难道他们因为害怕虫子而装死？自然界就是这么奇妙！

故事虽然结束了，但留下了一个疑惑，诱导着读者继续思考，或许会有第四个逆转发生。

所以这个绘本故事，几乎不需要什么讲述技巧，因为故事本身就足够吸引孩子了。

活动设置

1. 和孩子一起去探索有哪些小动物是依靠装死来逃脱天敌的。

2. 拓展了解其他小动物遇到天敌时如何进行逃脱。

26
在森林里

文／图：〔美〕玛莉·荷·艾斯

译：赵静

出版社：二十一世纪出版社

📖 内容简介

　　我是一个小男孩，戴上我的纸帽子，拿上我的新喇叭，我就去森林里散步了。听到我的喇叭声，一头打盹儿的狮子醒来了，他说他要梳好头和我一起去散步；听到我的喇叭声，两只象宝宝不再喷水玩了，一只穿上毛衣，一只穿上鞋，和我一起去散步；听到我的喇叭声，棕熊们带上花生、果酱和勺子，和我一起去散步……我们来到一片可以野餐和游戏的空地，大家停下来野餐，一起玩丢手绢和城门城门几丈高。我们还玩捉迷藏，等到爸爸来找我的时候，所有的动物都不见了。我们约着下次散步的时候再见。

✏️ 故事解读

　　在孩子的世界里，万物都是围绕着自己转的，自己就是世界的中心。所以在小男孩的想象中，所有的小动物都跟随着自己，和他野餐，和他玩游戏。而且，每一个孩子的内心都有一个宇宙。日本心理学家、荣格心理分析师河合隼雄认为这个宇宙以无限的广度和深度而存在着，它充满灵性和神奇。事实上，这本绘本就展示了一个小男孩内心极其丰富的宇宙世界。

　　纸帽子、新喇叭都是一个象征，象征着小男孩开始了独处时刻里的白日梦时光。或许小男孩就在家门口的小树林里一个人游荡，渐渐地他就进入了自己想象的世界。在这个世界里，但凡听到他喇叭声的，不管是打盹儿的狮子，还是在洗澡的象宝宝；不管是正在吃东西的棕熊两兄弟，还是正在跳高的袋鼠一家；不管是年老的鹳鸟，还是玩耍的小猴子，抑或是腼腆害羞的小兔子……他们统统都来了。想象的世界离不开生活的经验，想象的世界离不开客观的逻辑。所以狮子就像小孩子要出门时一样要梳好头；大象宝宝要擦干洗澡水，穿好衣服和鞋子；棕熊们来不及把吃的东西送回家就急匆匆跟上来了；袋鼠宝宝钻进妈妈的口袋，鼓也可以带着一起走……这些细节都是小男孩生活经验在脑海里融入当下的体现。包括年老的鹳鸟，可能就像自己的祖母；猴子和兔子也可能是孩子阅读的故事里抑或动物园里经常出现的小动物。有可能小男孩在某个马戏团里看见过他们穿衣服。

一头大狮子正在打盹儿，听到我的喇叭声，大狮子就醒来了。

我想起自己小时候坐在家门口，经常望向远方天际线的云端。想象那云端之上巨人或妖怪的生活，光怪陆离，五彩纷呈。那个世界里，谁和谁是朋友，谁和谁发生什么样的故事，全由自己来把握。就像这个森林里的世界，它是小男孩可驾驭、可掌控的一个世界。他可以对害羞的小兔子说："别害怕，如果你也想来，你可以走在我身边。"因为这是他的世界，他可以邀请任何人。只要他吹起喇叭，所有的小动物都会跟着一起拍手、吹号、打鼓、打节奏。他们一起玩小男孩最喜欢的游戏，直到小男孩的爸爸来。

在电影《绒布小兔子》中，每一次小男孩走上家中的阁楼，看到那些爸爸妈妈小时候玩过的玩具时，这样的想象世界也会自动在男孩的心里面出现；在宫崎骏动画电影《龙猫》里也是这样，小女孩小梅走进灌木丛中的时候，她就遇见了龙猫；即使在罗曼·罗兰的《约翰·克利斯朵夫》小说里，小时候的约翰·克利斯朵夫在田野里散步的时候，他会一边走着一边指挥着天上的白云……这就是孩子独有的特性。

玩捉迷藏时，轮到我找人，大家都躲起来了。
只有小兔子，还安静地蹲在那儿。

我常常觉得每一个孩子的童年时代，都需要有这样一个独处的时空，让孩子在这样一个独处的时空里，有机会在自己白日梦的时光里漫游。它会让孩子的内心得到丰富的滋养，让一个孩子未来的生命更丰满、更完整，抑或说更体现生命的意义。

最有意思的是，故事的最后，爸爸来小森林接小男孩的时候，他问小男孩在和谁说话，小男孩告诉爸爸是自己的动物朋友们。小男孩之所以会告诉爸爸，那是因为在他的生命体验里，爸爸尊重自己的任何一个感觉和感受。在我认识的小孩子中，他们是不会把自己想象世界的秘密轻易告诉大人的。小孩子心知肚明，大人对他们认为的那个真实的想象世界不以为然，觉得就是小孩子的把戏而已。

而故事中的这个爸爸听了小男孩的话后，却这样说："已经很晚了，我们该回家了。也许他们会一直等着你，下次再来一起玩。"爸爸表达了自己的需求是"要回家"，但也理解孩子对他的想象世界的小动物们的依依不舍。所以小男孩才会欣然地和自己心中那些真实的小动物说再见。

有些东西我们大人可能看不见，但它们却真实地存在，比如孩子内心的那个宇宙。

讲述建议

想象力不是教出来的，父母可以做的唯有提供合宜的环境。

和孩子阅读这本绘本，我觉得对于传统文化影响之下的更多父母而言，是一个理解自己的童年、理解当下孩子童年的机会。我们说的不是口头上的理解，而是内心真正的理解。在和孩子共读时，去回忆自己的小时候有没有过白日梦的时光，有没有在脑海中构建一个想象世界。在我儿子的童年时光里，他在脑海中构建了一个名叫"怡群"的国家。生活在城市中的他，独处时间不是在小森林里，而是在每天晚上七点上床之后的时光里。他在那里构建"怡群国"的交通系统、生活服务系统以及各种票务系统等。

当我们足够理解自己，我们才有可能发自肺腑地理解孩子，理解故事当中的这个小男孩，如何躺在小树林的某棵大树下，想象着这一切欢乐的场景。

但想象力却不是教出来的。孩子唯有充分沉浸于书中小男孩的想象世界里，才能丰富自己的想象。你可以和孩子走在森林里的湖畔，主动请求小男孩让你也加入他们散步的队伍。抑或，你在生活里提供给孩子独处的时空，同时足够耐心地聆听孩子的心声。那么，你孩子内心的那个宇宙就会慢慢鲜活起来，慢慢向你敞开一扇门。

活动设置

和孩子来一场"在森林里"的想象探险之旅。

首先，画一幅森林图，把家里的所有绒布动物或其他图片动物都集合起来。

其次，和孩子编撰一个进入森林的咒语。念了这个咒语，就可以开启森林之门，并进入森林开始探险之旅。

再次，可以像书中的小男孩那样遇到各种小动物，爸爸妈妈和孩子轮流遇到自己喜欢的小动物。

最后，大家和喜欢的小动物在森林里的空地上玩捉迷藏的游戏。比如让孩子蒙上眼睛，爸爸去藏所有的动物，然后孩子去找。要么爸爸蒙上眼睛，孩子去藏所有的动物，爸爸去找。

27

阿文的小毯子

文/图：[美] 凯文·亨克斯

译：方素珍

出版社：河北教育出版社

📖 内容简介

　　小老鼠阿文有一条小毯子，当他还是小宝宝的时候，这条小毯子就一直陪着他。即使是他现在长大了，阿文不管去哪里，也总是带着他的小毯子。阿文不管吃什么，他认为小毯子也一定会喜欢。现在小毯子变得又脏又破，怎么办？爸爸妈妈讲毛毯小精灵的故事不管用，用醋浸泡了小毯子也不管用。可是阿文现在要上学了，不能让阿文带着这块小毯子去上学啊，这可怎么办呢？有什么好办法呢？嗯！阿文的爸爸妈妈终于想出了一个好办法，你来书里看一看吧。

✏️ 故事解读

　　我常常想，每一个人来到这个世界上，都是弱小无依的，他和这个世界需要建立深度连接，才能拥有某种安心、安全的心理感觉。从另一个角度来说，就是每一个人都需要对这个世界有一种掌控感，从这个掌控感当中体会到自我的力量，他才会足够自信和独立。

　　来到这个世界上的小孩子，第一个深度连接的对象是妈妈。他以为妈妈是和自己一体的，饿了妈妈来了，裤子尿湿了妈妈来了……只要有需要妈妈都会来，就像他自己身体的一部分一样。但是随着小孩子认知的发展，慢慢就会发现妈妈并不是这样的，她是一个和自己分开的客体。

自己有时候不舒服了她并不知道，自己有时候疼了她也没有来。但是小孩子都很有创造性，他在这样的认知过程中，会想办法创造一个事物来替代曾经和自己深度连接的妈妈。人和事物的关系，比起人与人的关系来说，更稳定一些。

阿文和小毯子的关系就是这样的。阿文认为自己去哪里，小毯子也会跟着去哪里；自己喜欢吃什么，小毯子也喜欢吃什么；他想让小毯子干什么，小毯子就干什么；他想玩什么游戏，小毯子就会和他来玩什么游戏……阿文的想象、阿文的游戏创意、阿文对世界的掌控感、阿文对自我力量的感受，甚至是阿文的自处等全都来自这个与他相伴相随的小毯子。

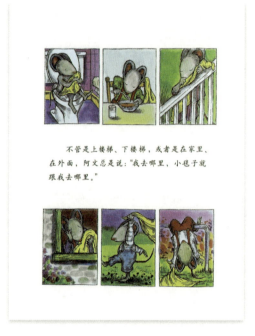

不管是上楼梯、下楼梯，或者是在家里、在外面，阿文总是说："我去哪里，小毯子就跟我去哪里。"

在这个绘本故事中，有一个关键的冲突点，那就是阿文要上学了，阿文长大了，还能不能带着这个又脏又破的小毯子。有的小孩子甚至不肯让大人洗自己又脏又破的小毯子，他担心闻不到上面熟悉的气味；也有的孩子会整天揉捏、吸吮自己的小毯子。什么时候才能摆脱这种依赖从而变得独立，才是父母需要真正操心的问题。

对于阿文来说，他和世界深度连接的事物是小毯子，有的孩子可能是自己的手指、脚趾，有的孩子可能是一个动作，也有的孩子是床单的一角或者枕头等。并不是所有的东西都可以像一块手帕被随时带在身边。我认识这么一个男孩，他深度依恋自己的大拇指，只要摸到毛茸茸的面料，就会勾起他吮吸大拇指的连贯动作，而一旦进入这种状态，他会变得异常安静，仿佛进入了一个神奇的世界，有一股非常强大的力量成为他的屏障，足够抵挡任何人的拉力抑或阻拦。因此，已经7岁的他，一旦进入这种状态，就很难走出来参加任何与同伴的学习探究活动。

也就是说，在这个绘本故事中，隔壁阿姨的担心是有一定的道理的。虽然我们不能够简单粗暴地割断孩子和他依恋物的关系，但是孩子要如何走出对事物的依恋并走向独立和成熟，是我们需要解决的一个问题。

隔壁阿姨说可以给孩子讲毛毯小精灵的故事，阿文的爸爸妈妈积极尝试了，没有成功。妈妈说小毯子好脏，爸爸说小毯子又破又旧，可是阿文却认为小毯子很好。隔壁阿姨还介绍了用醋浸泡的方法。可阿文是

个会动脑筋的孩子，他把小毯子放进沙堆里搓啊搓啊，感觉就好多了。这个方法还是没有成功。

从这里我们可以看出，爸爸妈妈一直在表明自己对小毯子的态度，也认为阿文不能再拿着小毯子了，但同时也非常理解阿文。阿文说要带小毯子上学的时候，爸爸妈妈也是坚决地表示了不行。阿文哭了，是妥协？还是坚决阻止？不，总是有第三条路可以选择的。阿文的爸爸妈妈想出了一个折中的方式，把小毯子变成了手帕，可以随身带的手帕。这是一个智慧的做法，它可以帮助阿文度过从依恋小毯子到不再需要小毯子从而自处的中间阶段。

事实上，因为爸爸妈妈的理解和尊重，阿文和小毯子的依恋关系在不断变化，阿文被更多美好的事物吸引，同时也在逐渐地走向独立自处。

·🔆· 讲述建议

讲述这个绘本故事时，需要使孩子认识到要和小毯子分离的要求，同时体会到爸爸妈妈对阿文依恋小毯子的理解和尊重。

这是一本拥有很多细节的绘本，而小孩子是最擅长观察和感受细节的。所以我们在和孩子共读这本绘本的时候，可以和孩子边观察边阅读，以孩子观察、阅读和表达为主，父母好奇、疑惑和被动阅读为辅。

比如当我们拿起这本书，看到封面时就可以提出疑问："咦，这是谁啊？他们都在干什么啊？"孩子自然会用自己的观察和丰富的想象表达自己的想法。比如拿望远镜的有可能是妈妈，拿着黄色小毯子的小老鼠是在院子里玩耍，等等。

当翻到环衬页时，小老鼠阿文的多个动态动作，足够让孩子发挥自己对细节的观察能力。疑问又来了："小老鼠都在干什么啊？你感觉他……？"语气是疑惑的、自言自语的，不是提问的，不是要求回答的。

到了书名页的时候，就可以提及阿文和小毯子的关系了："看来这个阿文很喜欢——"然后等待孩子回应和接话，感受小孩子对前面细节观察的理解。在这样的感受和理解当中，故事才能够顺顺当当地开始。

故事开始了，就不再提出疑问了，而是以一种铺叙的方式开始讲述。因为阿文和小毯子的关系已经被确认。现在就是要面对这个现象和问题，在故事中体会不同人的态度和做法。当爸爸妈妈讲述了毛毯小精灵后，可以和孩子畅想一下阿文会得到什么礼物，可以感受一下阿文是高兴还是不高兴。通过这种畅想和感受，有反差地渲染一下爸爸妈妈失败的结果。小精灵居然都没有找到阿文的小毯子，自居阿文角色的孩子会从中感觉到作为小孩子的某种力量。当爸爸妈妈把阿文的小毯子浸泡在醋里的时候，讲述的人需要用阿文爸爸妈妈的语气给孩子一点点拨："这下，阿文可能就闻不到熟悉的味道了吧！"也可以启发孩子一起来思考："这下阿文该怎么办呢？"

通过这样的讲述，孩子可以充分感受到阿文对小毯子的依恋，同时理解"和小毯子分离"的要求，更能体会到爸爸妈妈对阿文的充分理解。

👥 活动设置

和孩子彼此分享各自的"小毯子"故事。

第一，父母找一找自己的童年里有没有一个"小毯子"，和孩子分享。

第二，父母和孩子一起找一找孩子生命中的"小毯子"，一起把这个故事画下来。

28

洞

文：[日] 谷川俊太郎
图：[日] 和田诚
译：彭懿
出版社：北京联合出版公司

📖 内容简介

　　小男孩浩志在一个星期天的早上，拿起铁锹开始挖洞，妈妈、爸爸、妹妹和邻居都好奇地问他在干什么，好奇他挖洞有什么用。他没有正面回答，只是全神贯注地挖洞，看洞壁的锹痕，闻泥土的味道，看横穿洞口的蝴蝶，体会手上水泡的疼痛……最后把自己挖的洞填满，一切就是这样完满顺意。

✏️ 故事解读

　　对于生命，孩子的感受可能更加丰富，但他们又无法用语言来准确表达。在我 40 多年的生命中，我有一个深刻的领悟，那就是很多未知的事情，都是在做的过程中，一点点明朗、一点点明确的。这就如同创作一幅画，笔触涂抹着，涂抹着，某种灵感、某种思路，就被从中抽拉了出来，慢慢成形，慢慢成就。而正因为这种在未知旅程当中的意外创造，会使得生命享有惊喜和成就。就像我们仔细规划的旅程，按部就班，我们往往没什么记忆，但这个旅程规划之外的遭遇，会使得我们念念不忘、经久回味。

　　这本绘本《洞》就给我这样的阅读体验。在我做幼儿园老师的几十年时光里，我觉得小孩子往往比我们大人更容易进入一段未经规划的游戏之旅，并在其中遭遇各种创意的意外情节发展。小朋友玩过家家，一般无法进行整体的规划，中途谁会来做爸爸，谁会有游戏的新主意，都是未知的。但小孩子从不事先期待，每每游戏总是舍不得收场，总是期待下一次游戏的旅程。

所以我觉得浩志就是这样一个保留着纯真的小孩子。起兴挖洞，不需要理由。也没有什么规划，就是遵循着自己当下的感觉去做。从浩志开始挖洞，到其他人的好奇、询问、疑惑、请求、赞许，他都没有受到任何影响，只是沉浸在自己的感受、想法里，不断去观察、去感受、去体验。浩志的心一直很笃定，一直持守着自己感受这个世界的生命状态。这种行为的淡定，这种心灵的安静，这种感受的持续，是体悟生命和事物精微的可贵品质。

妈妈好奇浩志在干什么，他说他在挖洞。说完继续挖洞。妹妹总是要模仿哥哥，所以她请求自己也挖一挖，浩志回答不行，很干脆。说完继续挖洞。

谷川俊太郎的语言有一种黏稠的持续感，这句"说完继续挖洞"，就是这样的。

邻居疑惑这个洞用来干什么，浩志回答还没想好，又是"说完继续挖洞"。这个地方有一个细节，就是从书的右侧一角，有一个小虫子也在挖洞，就像浩志一样。

爸爸来的时候，告诉浩志"别急，急可不行"。浩志也不反驳，

只是回应"是啊"。还是"说完继续挖洞",仿佛是在敷衍每一个前来的人。但其实每一个提问,他都认真地回答,只是同时沉浸在自己的事情中而已。

浩志虽然是沉浸在自己的事情中,但是手上的水泡给了自己很多痛的感觉,也可能是这样,爸爸的"别急,急可不行"是有爸爸的观察和关切的。汗也流了下来,但浩志还是很坚定地要再挖,再挖深一点。或许那个正在挖洞的小虫子也有着和浩志一样的想法。

浩志和小虫子的洞相遇了,浩志打招呼。小虫子不出声地回了自己的洞。心境有时候是没来由的,就是这样一个触点,浩志浑身一下没了力气,不想挖了,坐了下来。

身体一直的劳作,突然停下,就带来了感官的灵动:感觉到了洞里的静悄悄;闻到了泥土的好闻味道;看到了洞壁上的挖痕,思考就来了。浩志感受和思考的结果就是"这是自己的洞"。这里显出了一种哲学的味道。这是浩志对自我所做、所想、所感的确认。

这种确认当然也要经受周遭环境影响的考验。妈妈来了问"你在干什么",浩志和刚才挖洞时回应他人的节奏一模一样,只是刚才是对所做的持守,现在是对思考后所想的持守。

妹妹想把洞当作水池,浩志说不行;邻居问是陷阱吗,浩志也不认同;爸爸赞许洞挖得不错,浩志也只是应许而已。和刚才的"说完继续挖洞"一样,浩志是"说完,继续坐在洞里头"。浩志就是靠这样的自我力量,持续攒聚着感受。而跑回洞里的小虫子呢,也从那条洞的中间,另开通了一条路向前挖去。

洞仿佛就是浩志的标志一样,从洞底向外望去,天格外的蓝,格外的高。当我们明晰了自我的力量,然后再看向外面的世界,感觉就不同了。蝴蝶的横穿,也能够体察得那么精微。浩志往上一跳,好像是那么轻松,仿佛一个小孩子挣脱了自我中心的知觉方式,心境来到了更为广阔的世界，在那里看自己——也就是那个洞时，浩志觉得又深又黑。但这里并没有说的是，浩志对洞里的一切清楚明了。这一点很关键。浩志再一次确认思想的结果"这是我的洞"，当浩志完成了这样一个自我认知时，洞就不需要存在了，他慢慢埋起了洞，地面又变成平坦的一片，仿佛一切都没有发生过。但事实上，生命经由这样的一个过程已经发生了根本性的认知改变，对于浩志来说，这是一个自我满足的过程。

"这是我的洞。"浩志又这样想了一次。
没完，慢慢地把洞埋了起来。

可以说，这是一个少数孩子的故事。而大多数孩子对于洞的好奇，总是依据探究未知的本能，紧张又害怕，惊奇又刺激，因为洞的幽暗，以及洞里未知的一切。而泥土又是孩子天生喜欢摆弄的事物，所以大多数孩子常常会为了猎奇而挖洞，很少如浩志这样什么也不为，只为自己的自主感受而挖洞。这个故事可以把孩子导引向自我感受的精微处，日常无法厘清的生命感觉的模糊处。

💡 讲述建议

这个故事就是在一遍又一遍的讲述、一遍又一遍的聆听中去积攒生命的感觉的，所以它适宜重复讲述、重复感受。

鉴于以上的故事解读，我们在给孩子讲述的时候，请孩子在悠然的讲述当中去体味，不需要更多言语解释。是的，就只是感受它，在不断感受的过程当中，让感受更加凝聚一些。比如在浩志挖洞时和浩志坐在洞里头时，感受妈妈、妹妹、邻居和爸爸的不同话语。最为关键的是讲述的语气，要能够体现浩志回答他们时的那种淡然和超然，那种沉浸于自我的状态。

而"说完继续挖洞""说完，继续坐在洞里头"，在整个故事的讲述当中，起到一个类似音乐中框定小节的作用。也就是说，这个绘本故事有音乐的节奏感，或者说是诗歌的韵律感，那么尝试把这种感觉讲述出来，让孩子从语言的节奏中去体会浩志的心境。孩子有可能会想起自己某个时候对生命的幽微感觉，虽然没有办法通过语言让我们明白，但孩子的内在心灵会和故事中传递的某种信息一起共振。这就是此故事的魅力。只要不断地讲述即可，孩子会慢慢地喜欢上它，不断地感受它。

👥 活动设置

如果孩子有挖洞的欲望和需求，那么就给孩子提供条件让他有机会去体验一下浩志的感受。当然孩子体验到的未必是和浩志一样的感觉，但每个孩子都会有自己的收获。就像我的儿子，他挖坑就是为了挖渠引沟、排房建城。也有的孩子，或许会对洞中的小虫子感兴趣，比如小时候的我，就无比痴迷于夏季泥土洞里的知了或者滩涂上的螃蜞洞，有时候也会担心遇到某个有小蛇冬眠的洞。

29
魔法亲亲

文：[美] 奥黛莉·潘恩
图：[英] 茹丝·哈波　[美] 南西·理克
译：刘清彦
出版社：明天出版社

📖 **内容简介**

　　小浣熊奇奇到了要上学的年龄了，可是他只想和妈妈留在家里，跟自己的朋友玩游戏，玩自己的玩具，看自己的书，荡自己的秋千。浣熊妈妈抱着奇奇，用鼻尖儿碰碰奇奇的耳朵并告诉奇奇，有时候，我们都必须做一些自己不想做的事，即使那些事情我们没有做过，让人害怕。你去了学校，也许就会爱上学校，会交到新朋友，玩到新的玩具，看新的书，荡新的秋千……然后浣熊妈妈告诉小浣熊有一个秘密，可以让小浣熊待在学校就像待在家里一样温暖又舒服。小浣熊擦干眼泪，好奇地想要知道这个秘密。那是什么呢？

✏️ **故事解读**

　　日常生活的地方让孩子感到熟悉和安全，离开意味着分离，孩子的第一反应自然就是害怕。这是人本能的自我保护机制。这本书在导读中谈到了本书作者奥黛莉·潘恩，她4岁的女儿因为要上幼儿园而产生了分离焦虑，这让她倍感苦恼。有一次她和女儿在家附近的公园里发现了一对浣熊母子，浣熊妈妈正在舔小浣熊的手，然后拉起小浣熊的手摩挲自己的脸颊，好让他仔细闻妈妈的气味。后来潘恩女士查阅资料才知道，浣熊妈妈离开家寻找食物或必须和小浣熊分开时，就会用这种方法安慰孩子，让他能够安心待在家里。潘恩女士也用同样的方法安慰入园焦虑中的女儿，女儿由此获得了极大的内心安定的力量。

不管是动物还是人类，在分离时刻都需要有一种来自物理距离之外的连接。浣熊妈妈经由"魔法亲亲"给予孩子的是熟悉的气味。它让孩子和妈妈分离的时候，依然可以因嗅闻到妈妈的味道，就仿佛妈妈还陪在自己的身边，以此获得安全感。而且这个"魔法亲亲"会一直黏在手上，洗手和吃东西的时候也不会掉。当然不会掉，因为它已经蕴藏在孩子的心灵里了！

小浣熊或者一个小孩子又何以懂得这些？这就需要通过像浣熊妈妈这样具体可感知的方式，让孩子亲身感觉到。作为一个幼儿园老师，太多次见过和爸爸妈妈难以分离的孩子，每一个分离焦虑的情形都不尽相同：有的是因为亲子关系原本就有问题，有的是因为孩子对陌生的地方敏感，也有的是因为家长长期包办导致孩子脆弱……不管是哪一种情形，最根本的就是需要让孩子感受到亲子关系的确定性，也就是绝对的被爱，孩子才有心理能量去面对陌生和成长。

这位浣熊妈妈做得真好！她把小浣熊轻轻地抱在怀里，通过动作让小浣熊感受到充分的接纳和被爱。然后拉起小浣熊的手，在他的手掌心亲了一下。手心是一个极为敏感的地方。"魔法亲亲"的确就会从掌心冲上手臂，钻进小浣熊的心里，让他感觉到了特别的温暖。浣熊妈妈告诉了小浣熊一个想妈妈时可以感受到妈妈的方式，小浣熊对妈妈的依恋也就经由这个方式得到流通和释放。同时，这个过程也让小浣熊清清楚楚地明白，妈妈的爱并没有因为分离而消失，而是时刻伴随他左右。那么随着孩子的长大，他就不再需要"魔法亲亲"，因为他知道爱是一种神奇的东西，不管有没有具体可见的形式，它都会在，而且一直在。这是孩子成长中一个非常关键的认知。

故事更为神奇的是小浣熊给予妈妈爱的回馈。就在小浣熊要上学的前一天晚上，他也给了妈妈一个"魔法亲亲"。这是一个多么具有同理心的孩子，他也希望妈妈有爱和温暖陪伴。

对每一个在入园后想妈妈的孩子，我都会告诉他，爸爸妈妈在上班的地方，也在想着你、念着你，就像你想念他们一样。那一刻，你会发现孩子的心里就好像被什么充溢了一样，饱满起来，情绪也会慢慢地好起来。而事实也是如此，每一个孩子会想念自己的妈妈，而每一个妈妈也会想念自己的孩子。重要的是我们需要像浣熊妈妈这样智慧地表达自己内心的爱，让我们的孩子感受得到。

💡 **讲述建议**

让孩子感受到被爱，需要具体的行动来表现。

如果作为妈妈的你正在为上班时刻怎样和孩子分离而着急，如果你家的孩子正在为入园而焦虑，那么你就可以和孩子一起来共读这本《魔法亲亲》。你可以像浣熊妈妈一样，轻轻拉起孩子的手，在他的手心里印下一个"魔法亲亲"，告诉他，当他想你的时候，就将印有"魔法亲亲"的手放在脸颊上，心里想着"妈妈爱你"，这个亲亲就会跳到你的脸上，让你觉得温暖又舒服。

关键还在于孩子能感受到来自爸爸妈妈真挚的爱。注意不是爸爸妈妈的感受，而是孩子可以真真实实地感受到。所谓真实地感受到，就是当孩子去到陌生的地方，家长要能够理解孩子的心情，能够共情孩子，并积极地想出适合孩子适应新环境的办法。浣熊妈妈想出了"魔法亲亲"的办法，那我们也可以尝试想出适合自己和孩子的方法。比如可以让孩子带一张全家福去幼儿园，孩子想爸爸妈妈的时候就和相片说说话；比如带一个小玩具电话去幼儿园，想爸爸妈妈的时候可以给爸爸妈妈打电话；比如带一个孩子喜欢的小毛绒玩具，有了它的陪伴，孩子就会有勇气待在陌生的地方……只有真实可见的付出，才能够让孩子感觉到自己被爱，对于处于陌生环境的孩子来说，这份被爱尤其需要。

👥 活动设置

1. 爸爸妈妈下班回到家，通过肢体动作来表达对孩子的爱，比如每天一个抱抱，每天一个"魔法亲亲"。

2. 爸爸妈妈回到家，向孩子描述自己在外是如何想念他的。

3. 爸爸妈妈下班回到家，和孩子玩一个表示爱的游戏。比如我家爱玩的游戏是"做馅饼"，爸爸妈妈是皮儿，孩子是馅儿。

30

谢谢你，来做妈妈的宝宝

文：[日] 西元洋

图：[日] 黑井健

译：李奕

出版社：海豚出版社

我是一个天使宝宝，我正在找妈妈。

我问小熊我的妈妈在哪里，他只是带我去看了他的妈妈，他妈妈紧紧抱着他说："谢谢你，来做妈妈的宝宝。"

我问小猴，我问小猪，我问猫头鹰，他们的妈妈都紧紧抱着他们说："谢谢你，来做妈妈的宝宝。"我的妈妈在哪里啊？就在这个时候，一团温暖的光环绕在我的周围，我终于找到我的妈妈了，我的妈妈也紧紧抱着我说："谢谢你，来做妈妈的宝宝。"

✏️ 故事解读

当我们有一天成为爸爸妈妈的时候，才好像终于蜕变成了大人。做了大人，总是要帮助孩子的；做了大人，总是要呵护孩子的；做了大人，总是要教育孩子的。做了大人，往往不太习惯发自肺腑地对孩子说谢谢。如果要对孩子说谢谢，也是本着一颗教育心去说的。比如当我们引导宝宝把食物分享给自己吃的时候，我们就会笑眯眯地去说谢谢。但是我们的内心并不是真实地想要品尝这个食物，我们也并不是因为感受到这个食物的美味而真诚地想说谢谢。每一次遇见这样的情形，我都会因孩子分享的真挚而感到一丝歉意。而孩子也会随着认知能力的提升意识到这份"谢谢"背后的细微差异，孩子那份原本的真挚也会变得油滑起来。

唯有细细分辨"谢谢"蕴含的细微差异，才能够体味这本绘本当中所有的动物妈妈对自己的宝贝所说的那句"谢谢你，来做妈妈的宝宝"。这句"谢谢"的背后，带着妈妈紧紧的抱抱和温柔的亲昵。而这些温柔、亲昵的动作背后又饱含着妈妈发自肺腑、不由自主、不求回报的爱。心理学家温尼科特说，每一个妈妈有了自己的宝宝之后都会分泌一种特殊的物质，让我们忘记所有来照顾宝宝。可以说，爱宝宝，是每一个妈妈天生就会做的事情。只是，强烈的教育心往往遮蔽了这种天性，将我们和宝宝对立成了教育者和被教育者。而这个绘本故事，是以一个宝宝的视角来观察其他动物妈妈与宝宝的互动。其中，宝宝的疑惑，宝宝的好奇，宝宝的品咂，宝宝的心生羡慕，宝宝的希冀、渴望，都是在提醒每一个妈妈从教育心当中走出来，去感受和找寻自己内心深处的这份天性，让心里的爱和温柔慢慢地流出、漫溢开来……直至，看着孩子，能够感觉到这个生命的到来，对于自己而言是一个珍贵的神奇相遇。

这种感觉，不是基于意识上我要接纳我的孩子，不是基于生存上我要养育我的孩子，不是基于情感上我要爱我的孩子。都不是，而是一种基于自己身心的真实感受。我清清楚楚地记得每一次给孩子喂奶的时候，自己的乳房总是胀得厉害，当孩子吸吮至空的时候，内心总是涌起满满的感谢，感谢孩子帮助自己解除了胀痛。这真是一种奇妙的感觉，母子如此依存相处，感受彼此为对方带来的幸福。在这样一种平等相处的关系里，一个小孩子更能够感觉到自己的能量，自己能给爸爸妈妈带来幸福的能量。也就是说，唯有我们内心真实、真正感受到孩子本身带给我们的怦然心动时，我们才能发自肺腑地表达那一句"谢谢你，来做妈妈的宝宝"。

每一个妈妈天性里都有爱孩子的特质，只要顺性而为，就可以全身心地爱孩子。也就是说，只要做自己，就可以给自己和他人带来幸福。妈妈全身心地爱孩子，对于孩子而言，是一种怎样的接纳啊！那是一种充满安全和满足的生命体验。故事的最后，宝宝看了那么多动物妈妈的爱之后，也带着自己的期待去找寻自己的妈妈了。对于刚刚出生的宝宝而言，饿了，想要吃了，奶就来了；尿了，想要干爽一些，就有人来换纸尿裤了；想要听妈妈说那句"谢谢你，来做妈妈的宝宝"了，妈妈就能神奇地说给自己听了……这就是"我一动念头，这个世界就会按照我的意愿来运转"的全能自恋，这也是婴儿早期的心理特征。而在这个绘本故事中，正是妈妈让宝宝感觉到"我在这个世界上无所不能"，宝宝最初对世界的安全感和信赖感由此生成。

💡 讲述建议

　　不着痕迹地把自己和孩子代入故事，全身心融入其中。

　　建议妈妈给孩子讲述这个绘本故事的时候，首先从自己能感觉到和孩子的连接开始，也就是孩子在自己肚子里的时候开始，甚至可以追溯到更早的备孕时期，去体会和孩子相遇相逢的生活细节、生活感受，去体会和孩子一起生活的点点滴滴、温馨时刻。

其次，以彼此最为舒适的姿态，在最容易放松的地方来讲述这个故事。讲述的口吻和动作最好可以把孩子引入小动物的角色。比如讲到宝宝问小熊宝宝的时候，就看着孩子的眼睛，仿佛他就是小熊宝宝。讲着讲着，讲述的妈妈自然就是小熊宝宝的妈妈，会把自己的小熊宝宝紧紧地搂在怀里，会自然而然顺着故事对孩子说："谢谢你，来做妈妈的宝宝。"看似是大熊对小熊说的话，但是借由讲故事的方式就成了自己对孩子所说的话。故事中遇到了多少个小动物，就是自己对孩子说了多少遍。对于孩子来说，这样的话，说多少遍都不嫌多。

故事的结尾，宝宝并没有确定妈妈会说那样的一句话。但是我们在讲述到最后的时候，就自然而然把那个来找妈妈的宝宝看成自己的孩子，然后宝宝就进入了妈妈的肚子里。妈妈可以穿一件大大的外衣，宝宝自然而然进入妈妈的"肚子"，然后妈妈轻轻地把宝宝生出来，对宝宝说一声："谢谢你，来做妈妈的宝宝。"

🏃 活动设置

每一个小孩子都喜欢玩生宝宝的游戏。尤其是在幼儿园进行角色游戏时，很多的小孩子都会把毛绒玩具当作自己的宝宝塞进自己的衣服下面，然后经历一系列生宝宝的游戏情节。如果这个游戏和妈妈来玩，那将会更加亲切、温暖。你会发现每一个孩子都对这个游戏百玩不厌。

3~4 岁

儿童亲子
阅读推荐

快乐的一天

A HAPPY DAY

01

小猫头鹰

文：［爱尔兰］马丁·韦德尔
图：［英］派克·宾森
译：林良
出版社：明天出版社

📖 **内容简介**

有三只小猫头鹰，在孩子的眼中，叫秀秀的是姐姐，叫皮皮的是哥哥，叫比比的就是自己。他们在一天夜晚醒来的时候，发现妈妈不见了。他们在黑暗中着急、猜想、忧心却又互相鼓劲儿，他们相信妈妈一定会回来的。是的，妈妈一定会回来的。猫头鹰妈妈张开大大的翅膀，无声无息地穿过树丛，从远处飞了回来……

✏️ **故事解读**

作为一名幼儿园老师，每一届小孩子第一次来幼儿园的时候，我都会给他们讲述这个故事。而每一次每一个小孩子都会在对小比比的共鸣、共情当中获得了分离的慰藉，每一次每一个小孩子都会在猫头鹰妈妈从远处森林飞回来的身影中深深地松了一口气。

给小孩子讲述这个故事的时候，我喜欢把秀秀叫作姐姐，皮皮叫作哥哥，而把比比当作"我"。这三只猫头鹰恰恰是三个不同年龄段的孩子。

姐姐秀秀夜里醒过来发现妈妈不见的时候，她疑惑地问："妈妈到哪儿去了？"

哥哥皮皮则很担心："我们怎么办？"

姐姐是疑惑性的思考，哥哥是责任感的思考，而"我"呢，就像刚刚入园的小孩子一样会非理性地说"我要找妈妈"。

姐姐秀秀认为妈妈一定是去找食物了，这是对妈妈经常所做的事情的理性回忆。

哥哥则是呼应姐姐，说妈妈去找食物一定会回来给我们吃的。他在建构妈妈和自己的关联，有责任感的哥哥试图让自己放心，也试图让其他人宽心。

"我"呢？就是想要妈妈。无论你如何劝慰，无论你如何保证妈妈马上回来。

秀秀站在粗树枝上。
皮皮站在细树枝上。
比比站在老藤子上。
秀秀说："她一定会回来。"
皮皮说："很快就会回来！"
比比说："我要找妈妈。"

每一个刚刚入园的小孩子，都会选择朝一个地方坐，或者都会朝一个地方张望，那就是门口。小猫头鹰在紧张害怕的时候也是如此，他们三个一齐站到洞口的树枝上去等妈妈。

姐姐说，妈妈一定会回来，哥哥说很快就会回来。给自己壮胆的同时，也给身边的人壮胆。而比比"我"呢，就像幼儿园的孩子，想想哭哭，抑或一提到妈妈的字眼儿哭一会儿，然后沉浸到其他的事情中，一会儿想想再哭，表达自己想要妈妈的心情。

树林里好黑。姐姐说，妈妈会给我们带最好吃的东西。皮皮附和说妈妈一定会。这样的话带着一丝刻意安慰自己的坚定，同时也透露出内心的害怕和恐惧。姐姐建议三个人紧紧地挨在一起。这样的紧紧相依会给彼此带来安全感。就像第一天来幼儿园的小孩子，总是会找熟悉的同伴坐在一起，心里就会感觉安全许多。

等待的时间里总是容易胡思乱想，妈妈是不是不要我了，怎么还不来？妈妈是不是不喜欢我，怎么不早点来接我，等等。所以等待很久的猫头鹰们也难免猜测了：妈妈一定是迷路了，说不定被狐狸捉住了。此时此刻的比比说"我要找妈妈"的声音一定是带着哭腔的。害怕的时候，猫头鹰也会闭上眼睛……

故事讲到这里，孩子心中对妈妈不在的担心、害怕、恐惧已经撑到了极限。三只猫头鹰只是铆足了心劲儿紧紧依靠在一起等待抑或说是坚守，这是对妈妈爱的坚信和坚守。从这里也可以彰显妈妈平日里和孩子建构了亲密的亲子关系，但是未知世界的不确定性，又和这样的坚信拉扯着。所以别看小比比"我"每一次都是说的"我要妈妈"，但是每一次喊出的"妈妈"体现的心情是不一样的。

此时，书中的画面已经放到一个更为广阔的远景中，三只猫头鹰只是小小树枝上小小的一团。就像小孩子在这个陌生的世界里，是弱小的。小小猫头鹰闭着眼睛，因为害怕，可是小读者们已经看到了飞向小猫头鹰的妈妈，孩子们已经知道了最终结果，获得了第一重的爱的确认。

妈妈轻轻地、不出声地穿过一棵棵大树，向秀秀、皮皮和比比飞过去。

第二重，是三只猫头鹰雀跃地叫妈妈，让所有阅读的孩子再一次确认，啊，妈妈真的回来了。

第三重，是猫头鹰妈妈从容地说出"干吗这样心慌，你们应该知道我会回来"，让所有阅读的孩子和三只猫头鹰，欣喜地印证自己内心小小的期待和希望，那就是妈妈一定会回来的。妈妈就是一定会回来的。

所以每一次和小孩子讲述这个故事的时候，我都邀请家长来到教室。因为3岁左右的孩子，思维具体形象。讲到故事的结尾，我会让所有家长亲自以确定的语气，就像猫头鹰妈妈从容而笃定地说："你们应该知道我会回来。"

因此，当孩子处在分离焦虑时，最为重要的不是隔离和拒绝，而是巩固和确认亲子关系。第一，是通过让孩子亲自感受，在孩子可以认知的时间里体会妈妈一定会回来的现实，协助孩子理解妈妈在分离时间里的工作内容，建构这样的认知经验，体认世界的稳固秩序从而获得安定感。第二，就是在孩子分离时产生的患得患失里，通过多种形式的重复表达，让孩子体认自己和妈妈关系的稳固。被爱的孩子往往更能够在陌生的环境里勇敢面对，就像姐姐秀秀和哥哥皮皮一样。

💡 讲述建议

在讲述这个故事的结尾时，爸爸妈妈需要跟孩子一遍遍说"你应该知道我一定会回来"。

爸爸妈妈可以在孩子准备上幼儿园之前和孩子来阅读这本绘本。首先让孩子感受封面上三只小小猫头鹰毛茸茸的可爱，体会环衬页上妈妈羽毛的有力又温暖，为后面故事里等待的害怕、担心和恐惧铺垫下爱的基础。有爱，就有勇气去感受和体会。

当我们讲述故事前半段妈妈没有回来三只小猫头鹰的各种猜想时，

也可以让孩子参与其中，看看他会怎么说，看看他会猜想猫头鹰的妈妈去了哪里，猫头鹰的妈妈会不会回来，等等。着重让孩子体会猫头鹰会"想"的这样一个事实，体会"想"的重要性。他们会想什么呢？有可能是妈妈平日里去找食物什么时候回来，有可能是妈妈有一次遇到了大风回来晚了，等等。

充分的猜想，足够长时间情绪的酝酿，不急于把故事快速讲到妈妈回来的地方，才能够让孩子置身于故事之中，才能够体现孩子十分确认妈妈一定会回来的那份坚定。

建议讲述故事结尾的时候，妈妈要给孩子分享三个平日里一定会回来的生活故事。比如妈妈下班后回家，去超市买东西后回来等。

活动设置

可以和孩子来一次离开卧室的分离故事表演。

卧室是家，其他诸如阳台、客厅、厨房、卫生间等都是妈妈要去办事和工作的地方。每一次和孩子说再见，都很真切。每一次离开的时间可以随着孩子认知能力的提高而逐渐延长，但是最终都要有"你应该知道我一定会回来"的确认。

爱需要练习。让我们通过这样的游戏来和孩子一起练习确认爱。

02
猜猜我有多爱你

文：[英] 山姆·麦克布雷尼
图：[英] 安妮塔·婕朗
译：梅子涵
出版社：明天出版社

📖 内容简介

　　小栗色兔子该上床睡觉了，可他拉住大栗色兔子的耳朵要她好好听他说。他说："猜猜我有多爱你？"就从这一个问题，小兔子和大兔子开始了比爱的旅程。每一次，大兔子的爱都比小兔子多一些，每一次小兔子都输了！直到最后一次，小兔子已经很困很困了，实在想不出来了，他想没有什么比天空更远的了。于是他说："我爱你，一直到月亮那里。"说完，他就闭上了眼睛。而这次大兔子认输了，认为那真的很远很远。她轻轻地抱起小兔子把他放到树叶铺成的床上，低下头亲亲他，祝他晚安。然后她躺在小兔子的身边小声说："我爱你一直到月亮那里，再从月亮上回到这里来。"

✏️ 故事解读

　　我清清楚楚地记得一个临睡前的晚上，在儿子那个两层高的小小楼梯上，我拥住站在楼梯上准备刷牙的儿子，使劲儿亲了他一口。儿子突然转过头来看着我说："我爱你，有太阳那么大。"哦，当时的我真的被幸福击中了，当下就晕乎乎的，不知道该如何反应地愣在了当场。等到我反应过来，我们开始了爱的接力。

"嗯，我爱你，有天空那么多！"我有点笨拙地说。

"我爱你，有太空那么多！"儿子不甘示弱，还没等我说又紧接着开口，"我爱你，太空加一千米，再加一万米那么多。"啊！我被这突如其来的热烈的爱弄得有点扭捏，有点不好意思了。我不好意思的时候就会大笑。

"我爱你有天空加一亿米那么多！"我一边笑着一边说，我怕我不笑就不好意思说出来。

"海里的水那么多，海水有多少我就有多爱你！妈妈！"儿子总有拓展想象空间的能力。我真的不知道说什么啦！还没有想好的时候儿子又接，"那么多，还要加一千米，一万米呢！加一千米，一万米，一千米，一万米……"儿子不停地说，他的爱真是无限啊！我只能用"我的个天哪"来掩饰自己不能表达的内心。

"地球有多少年，我就有那么多爱你！"儿子继续说着。这一刻作为妈妈的我真的是非常佩服他！不仅仅佩服儿子的思维空间，更佩服儿子这个地老天荒的爱！这时候，我是彻底不好意思了，都要准备逃离了！儿子居然还在继续："整个地球上的毛线，有多高，竖起来有多少层，我就有那么多爱你！再加一千米，一万米，一千米，一万米，一千米……"停不下来的"一千米，一万米"啊！

爱的表达也停不下来："书里面有多少字，我就有多爱你！再加一千米，一万米，一千米，一万米……我学了多少歌，整个地球上的歌都加起来，还有我发明的歌，再发明的。还要加一千米，一万米，一千米，一万米……整个世界的房子，里面的材料那么小的，所有的，我有那么多爱你！刚才说的都加起来，还要加一千米，一万米，一千米，一万米……"

我这个妈妈真的不如《猜猜我有多爱你》故事里那个内心有力量的妈妈啊！在故事里，大兔子的爱永远不会输给小兔子，她的爱永远会比小兔子多，永远永远，所以小兔子才会心满意足地睡着了。小兔子是心甘情愿地输了，带着无限满足输了。又似乎是带着无限满足赢了，赢得了妈妈更多的爱。我们可以从这个爱当中，感受到妈妈内心淡定从容却又绵长坚忍的爱的力量，就这样源源不断地滋养着小兔子。

　　故事的最后，妈妈似乎总是把握着小兔子细微的心绪，她想让小兔子感觉到更多的爱，同时又能体察到小兔子一直在想超越妈妈的比赛心理，所以她真诚地表示"到月亮的爱"真是好远好远。弗洛姆在《爱的艺术》中说，爱是一种能力。我想这只大兔子，真是一位有爱的能力的智慧妈妈。

　　而同样作为妈妈的我，腼腆，不善爱的表达。就如潮水溃败一样输给了我的儿子，心里又骄傲又难为情。骄傲的是，儿子的爱如此饱满，如此无限；骄傲的是，儿子的爱如此充满理性和想象力。难为情的是，作为成人，我还不能像孩子那样勇敢表达心中的爱。

就是在这样的亲子关系当中，我越来越勇敢地去表达自己心中的感受和情意，我越来越勇敢地生活和工作，这正是和孩子共同成长的结果。

💡 讲述建议

这个故事，可以在体现自己和孩子亲密的动作里进行讲述，比如拥抱。

首先，可以一边讲述，一边和孩子比画动作。当讲述到大兔子把手臂张开表示爱的多少时，讲述故事的爸爸妈妈就可以张开手臂来和孩子比一比，在动作上体现爱的连接。其他动作以此类推。

其次，对于亲子关系敏感（也就是特别想要获得爸爸妈妈无条件的爱）的孩子，爸爸妈妈更需要在讲述中体现成人赢了的口吻，让孩子自居在小兔子的角色当中，享受饱满、确定的爱。尤其是大兔子最后的那句："我爱你一直到月亮那里，再从月亮上回到这里来。"还要加上动作，让孩子充分了解父母给予孩子的爱。

最后，对于求知欲强的孩子，爸爸妈妈可以在讲述中帮助孩子拓展认知边界。比如，介绍有关大小、距离等知识。和孩子在爱的接力中进行一次想象力的比拼。有时候父母未必能够比得过孩子，就像我输给了我儿子一样。

👥 活动设置

和孩子来一次爱的大比拼吧！看看谁的爱更多！句式是"我爱你，有 ××× 那么多！"如果孩子腼腆，可以由父母发起。

03
忘了说我爱你

文：［英］米丽娅姆·莫斯
图：［英］安娜·柯里
审译：金波
出版社：外语教学与研究出版社

📖 **内容简介**

　　早晨起来，小熊比利就忙着照顾自己的小兔子，把它拽到床上，喂它吃鸡蛋，关心它的肚子疼，给它穿衣服，让它和所有的朋友说再见……就在比利照顾小兔子的同时，妈妈喊比利洗手、吃早饭、换衣服，妈妈需要赶紧把比利送到幼儿园然后去上班。

　　在去幼儿园的路上，比利把午餐盒和小兔子顶在头上走，最终午餐盒掉在了地上，妈妈生气了，她把小兔子拽在了手里。因为妈妈上班要迟到了！

　　到了幼儿园的比利，有点儿难过。老师安抚他，他说因为妈妈没有说我爱你，她总是要说我爱你的。老师建议比利和自己的小兔子玩一会儿，可是，小兔子也不见了！就在比利哭起来的时候，突然门开了，是妈妈！妈妈对比利说，对不起，我忘了把小兔子给你，还有我忘了说我爱你……

✏️ **故事解读**

　　每一次读这本绘本，脑海里都会浮现出早晨带着儿子匆匆忙忙赶去幼儿园的情形。要是赶上下雨，我就一手拉着孩子的手，一手打着伞，顶着风雨向前赶，一如比利妈妈和小比利在风中赶路的样子。尤其是画面中那伞被风吹反过去的样子，让我一下子回忆起我妈妈送我上学的情形。

　　每一个要送孩子去上学的上班族妈妈，大概都会经历这样狼狈着急的早晨吧：忙着做早餐的时候喊孩子起床，可是早餐端上桌的时候，孩子还没有准备好。此时大人的逻辑世界，是一个现实生活的世界：自己赶快做早餐，孩子赶快起床，赶快洗手，赶快吃早饭，赶快出门去幼儿园，要不然自己上班就要迟到了！而小孩子的逻辑世界，是一个浪漫的想象世界，在小比利的眼里，自己的玩具小兔子是有生命的。所以早晨醒来的比利让小兔子别躲了，一下子拽它到了床上；他叫小兔子不要捣乱，好好吃鸡蛋；在他眼里，小兔子和自己一样会肚子疼，他让小兔子和自己的伙伴说再见；他让小兔子坐在自己的头顶去上幼儿园……在比利的眼里，小兔子不是个没有生命的玩具，而是一个随时陪伴他左右的好朋友。

去幼儿园的路上，比利把午餐盒和小兔子顶在头上走。
妈妈说："小心啊。"
"我很小心，"比利说，"就是小兔子总不肯好好坐着。"

　　小孩子浪漫的想象世界和大人现实生活的逻辑世界是相矛盾的。在大人眼里，小孩子不过是在"磨叽"和"拖拉"，居然还在和玩具玩。这就是疲于生活的大人和身在纯真童年无忧无虑小孩的思维差异。

　　就在这急匆匆的早晨，风在吹，雨在下，一直和小兔子玩耍的比利，终于出现了失误——他把午餐盒掉在地上了。当错的事情发生时，比利自己也吓坏了！妈妈的耐心也到了极限，她生气了，一下子拿走了小兔子，塞进了自己的包包，剩下的路只能跑着去了，顾不上风，也顾不上雨了。这大概是职场妈妈的常态吧。

因为餐盒的掉落，比利从和小兔子的想象游戏中，一下子惊醒回到了生活现实当中。比利或许是一个入园没有多久的孩子，还没有完全适应幼儿园，所以才会磨蹭着和小兔子玩耍，以让去幼儿园的路变得更长一些，让自己和妈妈待在一起的时间变得更长一些。所以当妈妈急匆匆去上班的时候，脱下外套的比利难过了。妈妈生气了，还没有来得及解开这个结呢！比利说妈妈还没有说我爱你，她总是要这样说的。比利担心，自己做错了事情，妈妈会不会不喜欢自己了？妈妈会不会不要自己了？小孩子的心思往往总是这样的。他们还处在建构安全感的时期，所以需要无数次爱的确认。

老师安抚他：妈妈走得有点急。潜台词是，所以没顾上，不是不爱你。

老师建议他和小兔子玩一会儿。可是哪儿都没找到小兔子。相信读到这里的小读者知道，小兔子被妈妈拿走了！但是比利沉浸在伤感的情绪中，什么也想不起来了。老师认为他可能掉落在家里，可他确认自己是带着的，他开始回想，想到妈妈生气了，心像是塞住了、堵住了，眼泪就挂在脸上了，就开始要妈妈了。因为刚刚好就到了那个没有解开的结那里了。

"……我忘了说我爱你。"

比利扑到妈妈的怀里，妈妈轻轻地给他擦干眼泪。

门是突然打开的。妈妈的"对不起""忘了把小兔子还给你""忘了说我爱你"，还有紧紧的拥抱，都是接踵而至的。这恰恰就化解了刚刚没有化解的结。小比利在妈妈惯常的"我爱你"里获得了爱的确认，小比利在妈妈紧紧的拥抱里感受到了妈妈的原谅。一切心头的难过就都消融了！

生活还是会依旧，这样的早晨故事还是会不断上演。孩子对于妈妈的爱，还是要一次又一次确认。而妈妈呢？是不是要放弃自我生活的匆忙去迁就孩子？并不是如此。孩子正是在这样的紧赶慢赶当中，去不断感受和理解妈妈，而妈妈也在这样的着急忙慌中试图去感受和理解孩子。最为宝贵的就是在这样的生活现实前面，大人和小孩形成彼此理解、彼此去爱的心灵流动状态。母子由此并不因现实的困境而感到痛苦，恰恰因在困境当中的彼此理解而更加感到爱的温暖。

💡 讲述建议

请父母从故事中领会爱的艺术，学会爱的能力，然后回馈给孩子。

讲述这个故事，作为养育孩子的爸爸妈妈，需要多加思考。在故事中，妈妈对比利有着要求，也有着生气，更有着爱。比如，比利的妈妈，不管是刷牙、洗脸，还是穿衣服、吃早饭，都是催着比利的，而不是帮着比利的。比利弄掉午餐盒的时候，她生气地收走了小兔子。我们要在阅读中去重新审视我们给予孩子的生活，是否促进了孩子身心正常、健康且有利地发展？这是作为父母，需要在和孩子的共读中思考的。再看比利的妈妈，会真诚地跟孩子说对不起，因为忘了把小兔子还给孩子。会真诚地跟孩子拥抱，表达自己"忘了说我爱你"。拥有爱的能力，才能这样发自肺腑地致歉，发自肺腑地表达爱。这也是我们和孩子共读这本绘本时，作为父母需要去感受并努力习得的。

的确，我们讲述故事，不是仅仅要给予孩子什么，而是让故事的营养充溢我们的心胸，在我们身心里消化吸收，再以我们具体的言行举止来回馈给孩子。

在多次重复讲述故事之后，我们可以用小熊比利的语气来介绍自己的玩具小兔子。

比如：

我的小兔子

陪我起床

陪我穿衣

我的小兔子

陪我吃早饭

陪我高高兴兴上幼儿园

然后引导孩子说说自己都有哪些玩具。选一个玩具，也来按照小熊比利的方式说一说这个玩具都陪伴自己做了什么。借助这样的表达，帮助孩子意识到我们可以通过这样有节奏的话语呈现生活。

04
我永远爱你

文：［英］牡丹·刘易斯
图：［英］彭妮·艾夫斯
审译：金波
出版社：外语教学与研究出版社

📖 内容简介

　　小熊阿力今天早早就起了床，他想要给妈妈做早餐。可是就在阿力去拿盛蜂蜜的碗时，砰！阿力不小心把妈妈最喜欢的碗摔碎了。阿力不是故意的，可是妈妈会怎么说呢？阿力好担心啊！他跑过去一遍一遍地问妈妈：

　　"妈妈，是不是只有我乖乖的，你才爱我呀？"

　　"要是我做坏事了呢？"

　　"那如果我跟乔用枕头打仗，弄得里面的羽毛满天飞，你还爱我吗？"

　　……

　　问题问了一个又一个，每一次妈妈的回答都是肯定的。于是最后阿力小声问妈妈："如果我把你最喜欢的碗打碎了呢？你还爱我吗？"

　　妈妈又会怎么回答呢？而当妈妈真的看到地上的碎片时，又会怎样反应呢？

✏️ 故事解读

　　如何在爱孩子的同时又教会他规则呢？这是很多父母困惑的问题。我们不是说孩子幼年时期需要无条件的爱吗？那样孩子才会拥有安全感啊！可是作为父母，有时候我们无法克制自己的脾气，抑或无法克制自己内心里本来就有的对这件事的规则和要求。到底要如何做呢？这本绘本中的阿力妈妈，提供给了我们一个完美的范例。她给我们展示了一个妈妈如何给予孩子无条件的爱——我永远爱你，但同时要求孩子对自己的行为负责。阿力妈妈的爱是有原则的爱，而非无原则的溺爱！

如果阿力是我的孩子，他这样充满爱意早早地起床，给我准备早餐，面对这样可爱纯真的孩子，我哪里还有什么"不过你——"这样的话，爱还爱不过来呢！一是因为我们会彻底沉浸在一种"被爱"的满足当中。我的孩子这样爱我，这样会照顾我，感觉多么美好！二是我们会沉浸在一种"教育成功"的虚荣当中。我的孩子多么懂事，多么主动，多么能干，感觉多么自豪！沉浸在这样的情绪状态里，即使是面对碗摔坏了这样的糟糕结果，我们也会迫不及待地对孩子说"没关系，没关系"，让心里那一丝丝的不妥感掠过。也就是说，当我们沉浸在"爱意浓浓"的教育满足里时，就会忽略担心孩子的真实心理、自己对碗的真切爱惜以及事情本该体现的教育价值。

为什么阿力在自己犯了错误之后，还会去找妈妈，甚至还主动问妈妈这么多傻问题？因为他知道妈妈是爱他的，这基于妈妈和他之间安全和信任的关系，不过，阿力也不那么清晰地肯定，因为在自己逐渐长大的过程中，他也感觉到了来自妈妈的要求和规则。所以他犹疑了……

"妈妈，是不是只有我乖乖的，你才爱我呀？"

"要是我做坏事了呢？"

妈妈的回答当然是肯定的，可阿力还是不放心。

"那如果我跟乔乔用枕头打仗，弄得里面的羽毛满天飞，你还爱我吗？"

阿力的追问越来越具体了，妈妈却从容淡定地表达："我永远爱你，不过，你们得把羽毛收拾起来。"

具体的事情就有具体的要求和规则了，就是句式"我永远爱你，不过，你得——"。

　　"那如果我把画画的颜料洒在妹妹身上，弄得她红一块、绿一块、蓝一块的，你还爱我吗？"

　　"我永远爱你，不过，你得负责给妹妹洗澡。"

　　每一个问题，都有一个"我永远爱你"的回答，每一个问题，也都有一个"不过，你得——"的要求。可是，碗被打破了，无法再复原，它象征着一个无法弥补的错误。妈妈的"不过，你得——"让阿力不知所措，但妈妈对阿力一连串傻傻问题的好奇，又让阿力鼓起勇气小声地道出实情："如果我把你最喜欢的碗打碎了呢？你还爱我吗？"

　　事实上，我们意识层面想的，和我们当下的反应总是有所差距的。理性告诉我们，孩子做错事我们不能发火。可当看到孩子真的做了错事的时候，我们的火气又总是很快地升起，无法控制。毕竟，我们都是真实的人啊！

　　阿力的妈妈也不例外。当阿力问打碎了妈妈喜欢的碗还爱不爱他的时候，妈妈可是非常肯定地说："你知道我会永远爱你的，走吧，该吃早饭了。"妈妈以为阿力就是问问而已呢！

　　可当她看到满地的碎片时，她忍不住惊呼起来："阿力，那可是我最喜欢的碗！"这就是一个人真实的反应。阿力哭了！他跟妈妈说："妈妈，对不起，可是你说过会永远爱我的。"

孩子还无法将事情和爱分离开来，妈妈对碗的爱惜，和妈妈对阿力的爱不是对立的，不是非此即彼的。这是阿力在一件又一件的事情当中需要慢慢明晰的情理逻辑。人与对错原来是分开对待的，孩子在养成规则秩序的过程中，需要这样明辨是非，需要这样体会爱永远在，但错误得改的原则。

于是，阿力妈妈"我当然爱你"的这句话，和紧紧搂住阿力的一抱，就此卸下了阿力心头的包袱。在爱的释放中，创造力就发生了！阿力用颜料重新制作了一个"阿力爱妈妈"的漂亮新碗，并送给了妈妈。这是孩子对自己行为已经能够主动负责的见证。

故事的最后，阿力提醒妈妈要小心碗上的颜料，其实是在提醒自己小心呢！如果读者细心观察，一定会发现最后的蝴蝶页上，阿力正捧着装满蜂蜜的碗从蜂房里出来。阿力还是想继续完成之前自己想要做的事情——给妈妈做早餐。

💡 讲述建议

在讲述故事中感受人和对错分开对待的方式，体验爱和原则的统一协调。

讲述这个故事，最需要把握的就是"我永远爱你，不过，你得——"这个句式。和孩子一次又一次说"我永远爱你"，但也需要一次又一次表明"不过，你得——"，也就是对待这件事情的正确做法。事实上，每一个孩子都需要正面建议，而不是一个否定的"不要怎么样"。

　　讲述这个故事，要把熊妈妈对阿力那种饱满的爱讲出来。面对小熊阿力一个又一个的追问，小熊妈妈没有嫌啰唆，没有责备，没有说教，没有厌烦，有的只是一次又一次的"我永远爱你，不过，你得——"。我们也在这样一遍又一遍的讲述当中，自然熏染到小熊妈妈那样的生命姿态。当我们一次又一次把小熊妈妈的话语告诉我们自己的孩子的时候，是不是也是我们正在对孩子表达爱呢？是的，阅读文学作品，往往就有这样的功效。

　　在讲述过程中，我们也可以夹杂自己和孩子的生活小故事，尝试用"我永远爱你，不过，你得——"这个句式将故事串联起来。

活动设置

　　根据蝴蝶页的提示进行故事续编。

　　阿力做了一个"阿力爱妈妈"的新碗，阿力接着会做什么呢？

　　爸爸妈妈和孩子一起将故事续编下去。

05

母鸡萝丝去散步

文/图：[英] 佩特·哈群斯
译：上谊出版部
出版社：少年儿童出版社

📖 内容简介

有一只叫作萝丝的母鸡，她悠然自得地出门去散步。有一只狡猾的狐狸跟了上来，她完全没有发现，依旧闲庭信步。当萝丝穿过农家院子的时候狐狸猛地扑了上来。啊！母鸡萝丝被吃掉了吗？没有！因为狐狸一脚踩在了钉耙上面。钉耙一个反弹，正好打到了狐狸的脸。就这样，当萝丝经过一个地方，狐狸正好扑上去准备吃掉她的时候，总是会有让狐狸受挫的巧遇发生。而母鸡萝丝呢，围绕着院子散步，走了一大圈，又悠闲地回到了自己的家，正好到了吃晚饭的时间。

✏️ 故事解读

母鸡萝丝闲庭信步的默默无声，和狐狸猫腰窥探的默默无声，形成了一种鲜明对比的张力。狐狸是一种外在的默默无声，所有内心如浪的搅动翻滚，都经由那双滴溜溜的眼睛和蹑手蹑脚地使劲儿刻意彰显了出来，实则一个动。而母鸡萝丝呢，你看她的眼神，悠然自得；你看她的脚，昂首阔步，完全是一种内在的云淡风轻，实则一个静。所以整本书，实则是狐狸的屡屡之动和母鸡的时时之静，形成的对比当中，制造了一种紧张和刺激感。

这是一个非常经典的绘本故事，原文的导读也非常精彩。图的故事

母鸡萝丝出门去散步

和文字的故事交相呼应，形成一个更为丰富的故事，所以非常适合读图年龄的孩子阅读。又因为文字简练，因此也非常适合刚刚识字的小朋友结合图来进行拓展讲述和练习创编讲述。

　　而我要说的是，这个故事给阅读者心理带来的影响和冲击。我们奉这本书为经典，可能正是因为这个故事给人心理带来的刺激、快乐和某种慰藉。母鸡是好人的象征，狐狸是坏人的象征。在传统故事里，都有这样一个好坏终需明、善恶终有报的核心价值。而这本绘本，就是通过这样一个风趣幽默并适于孩子阅读的故事，来体现了这样的核心价值。你看，好人母鸡萝丝去散步，后面跟上来一只要吃掉她的狐狸，她却什么也不知道，什么防范也没有做。她只是一直一直这样逍遥自在地散着步。但是好人就是这样的，总是可以化险为夷。就像所有的童话故事里，好人总是会有一个圆满幸福的结局。白雪公主是，睡美人是，被龙卷风卷走的多萝西也是……人心就是要从善，才能如流。唯有从善，生命才会这样舒展和自由。就这一点而言，这样的故事，一遍一遍地阅读，会给予心灵一遍又一遍从善的暗示和熏染，而且是以风趣、刺激、好玩、幽默的方式。

　　而坏人狐狸呢？绞尽脑汁，想尽了各种方法，想要去偷袭母鸡。但每一次的偷袭，换来的都是自己的狼狈。每一位读者读到这每一次的狼狈时，我相信都会有一次会心的笑，就仿佛生命中自己所遭遇的那些个做坏事的人也会是如此不堪的结局。能不开怀地笑吗?! 人生就是这样，坏人注定鬼鬼祟祟、躲躲藏藏、见不得光，生命就只剩下了局促和禁锢。

讲述建议

在阅读这个故事的时候，不宜讲道理，只需要在故事阅读中感受和体悟。

第一次和孩子共读这个故事，更多的是让孩子充分感受图中的细节，父母只需要讲述图中少有的几个文字。这样，就能够为孩子腾出一个可拓展更大故事场的空间。也就是说，不急于用自己的拓展来包办替代孩子有可能的拓展。因此，第一遍讲述，大人只需要讲述绘本中的44个字。

再次讲述的时候，我们可以帮助孩子梳理一下母鸡萝丝散步经过的地方：院子、池塘、干草堆、磨坊、篱笆、蜜蜂房。孩子的脑海中由此就有了6个场景的表象。那么再回到书名页这里，在整张地图上俯瞰每一个场景，在孩子的脑海里建构一个完整的空间。

在此基础上，父母讲述简单的文字，比如"她走过院子"后，尝试停顿，再停顿，让孩子充分感受，再感受。然后继续"守候的狐狸一跃而起"，之后还是停顿，不说结果，只是让孩子在充分感受的基础上，自然地有冲动去讲述。不管是拓展狐狸的状态，还是拓展描述狐狸的遭遇，都等待孩子在一次又一次充分感受基础上的自然表达。

故事解读的道理，不是说出来的，而是从故事中感受的、体悟的。所以，这是一个体验型的故事，适宜一遍又一遍地阅读，或者自主阅读。

𝕲𝕲𝕲 活动设置

在家里开一个投影剧院，今日剧目是《母鸡萝丝去散步》。

准备：制作狐狸和母鸡萝丝的剪影，分别贴在两根小棒（可用筷子替代）上；准备一张1开的白纸做投影屏幕，固定在两张椅子中间；准备一个投影灯源。

玩法：夜晚，关掉房间的灯，投影屏幕搁置在房间中间，打开投影灯源，然后开始用狐狸和母鸡在灯源照射的屏幕上投影进行表演。

06
发明家奇奇兔

文：［奥地利］埃迪特·施爱伯－威克
图：［德］卡罗拉·荷兰特
译：陈俊
出版社：二十一世纪出版社

📖 内容简介

　　发明家奇奇兔，特别想要有一个朋友。于是他开始考虑为自己设计一款"寻找朋友的机器"，考虑怎样让它有效运转。正当他在为最佳方案绞尽脑汁的时候，他发现周围的邻居有着各种各样的苦恼需要解决。于是他为邻居们设计了"胡萝卜清洗机""复活节彩蛋描绘机""预防狐狸袭击兔窝机""迷惑猎人机"等设计精妙的装置。一直到了复活节前晚，他还没有来得及为自己发明出"寻找朋友的机器"。难道就这样冷冷清清地过复活节吗？但最后奇奇兔却过了一个热热闹闹的复活节，这又是为什么呢？读一读这个故事你就知道了。

✏️ 故事解读

　　当你抱着婴儿出门，你会发现他往往对另一个婴儿的脸庞更为关注，显得更为好奇一些。孩子再大一些，爸爸妈妈会察觉到孩子探索周围世界的时候，往往对同龄孩子的探索行为更为关注，会不断观察同伴的行为，不断比对自己的行为。逐渐地孩子内心会产生结交同伴的急切渴望，并体验到与同伴交往的愉悦。这可能是人作为群居物种的天性，即使作为与众不同的发明家奇奇兔也不例外。

奇奇兔擅长发明，他是我儿子小时候想要成为的人。我记得儿子上幼儿园的时候，说到女朋友的事情，他就声称将来要找一个和自己一样喜欢发明的女生结婚。后来他看电影《石破天惊》时，他就发出感慨，就是这样的，就是这样的。发明家渴望有一个朋友的时候，他就想发明一个"寻找朋友的机器"，这是他的思维模式。

故事里的奇奇兔形象，简单、单纯，不管听到什么声音、遇到什么事情，第一要事就是发明，他是一个以"自我的发明思维模式"为中心的人。所以对于这样的发明家而言，世界不是"是怎样就怎样"，而应该"尽可能完美"。在这本绘本的书名页，是达·芬奇名画《维特鲁威人》的模仿之作——维特鲁威兔。这预示着这本绘本的主人公就像一生有无数发明的传奇人物达·芬奇一样，始终好奇，始终在体悟事物的本质，始终在思考、发现和制造新的事物……这是一种始终以"围绕事物来思考发现"的自我中心，所以发明家奇奇兔不仅仅是自己渴望朋友的时候，想要发明。就是当他走着走着，听到邻居朋友"拔出萝卜带出泥，味道和泥差不离"的抱怨，思维也是惯性联想到发明。于是他给邻居朋友发明了"胡萝卜清洗机"。当他听到复活节彩兔要画无数订单的复活节彩蛋时，他发明了"复活节彩蛋描绘机"；当他看到兔子正为狐狸的袭击而感到无可奈何时，他发明了"预防狐狸袭击兔窝机"；当他看到无法穿越狩

"逃离猎人机"设计图。

猎区回家的兔子时，他发明了"迷惑猎人机"……

只是，原先他很想在复活节有一个朋友的愿望，来不及实现了，因为隔天就是复活节了。但意外的是什么？那些他帮助过的邻居，都带着礼物来和他一起过复活节了。

这个故事很好地诠释了科学理性和人文情感的关系。科学会带来令人耳目一新的发明创造，这些创造往往令小孩子惊奇。儿子小时候就很喜欢有模有样地研究奇奇兔发明的每一种机器，看它们是如何运转和工作的，一步又一步，一遍又一遍。他后来之所以喜欢上物理机械，也许和反复探究这个"胡萝卜清洗机"有关。但最根本的还是这些发明创造背后的内心动机，也就是裹挟的内心情感。奇奇兔是在解决别人的麻烦，是在帮助别人。科学和人文这样的关系在幼小的心灵里埋下它的种子，是路走向明亮那方的保证。这是作为妈妈，我想要给予儿子的最为宝贵的东西。

💡 讲述建议

这本绘本可以在孩子整个的成长历程里经常阅读，不同时期的阅读，会有不同深度的理解。

这本绘本里包含的元素实在有很多，比如封面上的蒙娜丽莎兔，比如书名页的维特鲁威兔，比如那个蛋……奇奇兔仿佛就是达·芬奇。我相信作者一定是个达·芬奇迷，历史上没有比达·芬奇更好玩的人！他一生在很多个领域发明创造。这本绘本环衬页的那种机械感、科技感，不仅仅是对我的儿子，就是对我这个妈妈而言，都有着很强的吸引力。

那么这些达·芬奇元素，是一种潜在的熏陶和影响，对于学龄前的孩子而言，不需要刻意进行解说和讲述。孩子只要浸润在书所营造的发明创造感觉当中即可。将这本书放在孩子触手可及的地方，允许孩子随性翻阅。如果孩子进入小学之后仍然有兴趣的话，就可以结合美国著名传记作家沃尔特·艾萨克森写的《列奥纳多·达·芬奇传》来和孩子一起共读，增进孩子对达·芬奇的了解，也就是促进孩子对这本绘本的更深层理解。

此外，允许孩子反复去琢磨奇奇兔发明的各种各样的机器，说说"胡萝卜清洗机"不同部位的功能，说说"复活节彩蛋描绘机"各个机械臂都负责干什么，说说"预防狐狸袭击兔窝机"是如何预防狐狸袭击的，说说"迷惑猎人机"的迷惑方法……

阅读当中最为关键的就是，引导孩子了解所有的科学发明都是为了帮助人类、造福人类。用孩子的话来说，就是为了帮助别人，让别人过得更开心、更幸福。

👥 活动设置

建议父母带孩子来一次科技馆之旅，让孩子在科技馆充分地探索和发现，触发他们对科技发明进一步的好奇和兴趣。

当孩子有了发明的小小念头时，要积极支持孩子。不仅仅是精神上的支持，更要积极地和孩子一起想办法，提供孩子所需要的材料。比如我儿子小时候特别想要感受物体和物体的黏合性，于是将水和米饭等搅和在一起，在捏、揉等动作中不断地感受，他所要的支持就是父母允许并提供材料。

07
妈妈不知道我的名字

文：[美]苏珊·威廉斯
图：[美]安德鲁·莎奇
译：杨华京
出版社：北京联合出版公司

📖 内容简介

　　我是一个小女孩，我很惊讶我的妈妈居然不知道我的名字，你说奇怪不奇怪？早上一起床她喊我小麻雀；吃早餐的时候她居然叫我小南瓜；当她和我再见的时候，她又叫我小鳄鱼；当我饿得等不及吃晚饭的时候，她又叫我小魔头；当我玩玩具停不下来的时候，哼，她叫我小怪兽……我一次一次跟她说，我叫汉娜。可她还是不明白，一会儿叫我调皮的小猴子，一会儿又叫我安静的小老鼠。哎！你说怎么办？

✏️ 故事解读

　　这是一本把孩子刚刚开始有自我认知、自我身份认同时的心理描写得淋漓尽致的绘本故事。阅读这本绘本的时候，我总是忍不住想起儿子两三岁的时候，每当我们唤他名字的时候，他总是要向我们强调他不叫这个名字，他的名字叫"小羊"。我不知道他为什么会一次又一次地强调自己的名字是小羊，是不是因为他的属相是羊，所以他才认为这是和他相统一的名字。他每一次强调的语气，让我们深切地感受到他对自我身份认同的那份坚定，就像故事当中的小女孩汉娜一样。

　　每一天，妈妈用各种不同的昵称来叫汉娜，而汉娜每一次都非常着急、非常认真地纠正妈妈，告诉妈妈她的名字叫汉娜。

事实上从爸爸妈妈的角度而言，禁不住用不同的昵称来呼唤着自己的孩子，原因是孩子有各种各样的可爱。儿子小时候，我喊过的昵称也不少：臭臭、宝贝、乖乖、小狗儿等。但对于3岁左右的孩子来说，认知范畴和认识水平相对有限，自己叫什么就是什么，怎么可以是其他的什么，这是其一。其二就是对于这个"我"而言，自己是唯一的，那么匹配的名字也应该是唯一的。这是孩子认识世界的一维秩序。孩子很疑惑，为什么妈妈却不知道我真正的名字呢？

这是一个非常有意思的纠结和矛盾。从妈妈的角度看，妈妈怎么可能不知道孩子的名字，你就是我生的呢！从孩子的角度来看，那我到底是谁呢？我到底叫什么呢？

这个汉娜可没有轻易去妥协并机械地接受大人给予自己的各种名字标签，她有一个强烈的自我意识站立在这里，非常确定地进行抗议和告知。这是孩子身上非常可贵的自我坚持。现下很多孩子已然没有了这份自我坚持和自我认定，常常会无条件地接受大人的所有命令和要求，做一个十足的乖孩子。所以我把这本绘本编进了我创设的幼儿园哲学课程里，期盼它能够唤起更多孩子内在的那个自我，让它有勇气、有能力发出自己的声音。

在这个绘本故事中，如果你足够细心，会发现汉娜每一次都义正词严地声明，但是妈妈没有以爱意泛滥而敷衍孩子，更没有因此就"好好好，你就叫汉娜"这样来妥协应付孩子。也正因为如此，汉娜在这样的一堵"墙"上不断地反弹、反弹，一次又一次敢于质疑、敢于抗议、敢于申辩。汉娜对自我的认识因为这样一个历程，有了更加深入的理解。

妈妈对于汉娜的那么多声明，故事中一次也没有给予回应，直到最后入睡前妈妈紧紧地抱住汉娜说道："是啊，我知道，你是汉娜，你就是我那个快乐又有趣的小宝贝儿。"

这不仅仅是从情绪上彻底安抚慰藉了汉娜，更是从自我认知的层面帮助汉娜进行了自我身份的确认。我想这个对自我认定有着强烈需求的孩子，接下来一定会开始整合妈妈给予自己的那么多的昵称，从中体会妈妈给予自己的那么多无条件的爱，最终在爱中认识到，那么多昵称，连同这个名字汉娜，都会朝向一个方面汇聚——那就是"我"，它们都是"我"，它们都携带着"爱"汇聚到"我"这里。

讲述建议

这个绘本故事富有一定的情绪张力，建议多讲述，多感受，少提问。

讲述的时候，尤其需要注意讲述的语气。故事是以小女孩汉娜的口吻讲述的，那么每一次当妈妈喊到汉娜不同的昵称名字时，汉娜的那个声明"我才不是什么×××，我是汉娜"，从一开始的认真，到后来的不解，到慢慢的质疑，到表现出严肃，到渐渐的生气，到最后的气愤……情绪的逐渐变化，语气的逐渐急促，强调了孩子需要自我认同的需求，也由此会鼓励并唤起孩子内心那个自我意识的萌发。

此外，每一次妈妈遭遇汉娜的抗议之后，遇到下一件事、说到下一个昵称的时候，情绪、语气都保持事件当下的情绪和节奏。妈妈在整个称呼孩子昵称的过程中，情绪始终平和、平缓，这和孩子的认真、着急形成一种对立的张力。其实也是通过对抗孩子的认真和着急，体现自己对孩子永恒不变的爱。

👥 活动设置

和孩子玩一玩"×× 就是喜欢叫你 ×××"的游戏。

"妈妈就是喜欢叫你小宝贝。"

"爸爸就是喜欢叫你小乖乖。"

"奶奶就是喜欢叫你小臭臭。"

……

每一次说的时候，可以把孩子抱在怀里搂一搂、摇一摇，用动作表示亲昵。

最后问："你的名字叫什么？"

看孩子如何回答。怎么回答都可以。

08

快乐的一天

文：[美] 露丝·克劳斯
图：[美] 马克·西蒙特
译：李剑敏
出版社：北京联合出版有限公司

📖 内容简介

　　田鼠、熊、蜗牛、松鼠、土拨鼠在雪花纷飞的世界里安睡。有一天，他们张开双眼，用力吸气，吸了又吸。他们从各自的洞里探出脑袋，用力吸气，吸了又吸。他们开始跑，他们吸，他们跑。是什么让他们吸，让他们跑呢？他们忽然停住，他们不再跑，他们笑，他们跳。好啊！雪地里开出了一朵小花！这真是快乐的一天，开心的一天！

✏️ 故事解读

　　这本书的封面就足够吸引人，柠檬黄色包围着一群雀跃欢跳的小动物。这种黄是一种特殊的黄，独属于春天的黄，是乍暖还寒时候的迎春黄。寒冷灰色里生出来的春意，会让人联想到希望、活力、生命、生长等，全都是生命本源的事物。只看这个封面，你就忍不住要欢乐起来。整本书的意蕴全部都隐含在这本书的封面里。

　　冬天是灰白色的。灰白色，冷，静，聚集。这本绘本并不是文字在讲述故事，而是极具语言张力的图画在讲述故事。白雪皑皑的世界里，所有的生命都在安睡，蜷缩着身子安睡。一切都那么地寂寥、静谧，仿佛能够听到雪落下的声音。这样的画面，很能把人的整颗心都吸进去，让人安静下来，仿佛世界都静止了。人就可以在这样的静态里休憩、安心，如同在休养生息、积聚能量。冬天就是这样的一个季节啊！

就是这样的沉寂，居然会被打破。

整个世界的沉寂，洞里洞外的，树上树下的，居然都被打破了。

所有的小动物，都张开双眼，用力地吸气，吸了又吸。每一个听故事的小孩子啊，都忍不住好奇，也忍不住吸气，吸了又吸。

是什么呢？

孩子的好奇就这样被画面触发得无比强烈，而且被一个又一个小动物的张望吸气勾引得够久。好奇一直悬置在那里，生出一种迫不及待想要知道的渴望。好像是闻到了什么味道，难道是好吃的？真的是太想知道了。

冬天里的寂静不是被喧嚣嬉闹吵醒的，而是被一种无声的味道唤醒的。

味道似乎是悠扬绵长的，好奇也是如此。小动物开始跑，洞里洞外的开始跑，树上树下的开始跑。整个场面，恢宏，却又无比安静。他们似乎在屏声静气，因为他们需要吸。他们还需要跑，不然那个味道就会在鼻尖儿丢掉。是的，他们循着味道的方向，奔跑。

他们忽然停住不再跑，眼睛都盯着一个方向，是什么呢？可是，被大熊挡住了，小读者却看不见。心中似乎有一句话要从胸口蹦出来："大熊，你挪一下呀。"到底是什么呢？小动物们如此高兴，高兴得都跳了起来。

再翻一页。啊！一朵小黄花！本来灰白色调的冬天里居然出现了一点耀眼的柠檬黄，犹如初生的气息，犹如生命的原动力，使得人心里蠢蠢欲动的活力萌生，一派欣欣然的心绪。春的气息就这样呼之欲出，却又没有点明。

春的来临意味着生命重新萌发的欣喜。在所有小动物、小朋友的眼里，春的来临意味着出门游玩的快乐日子。

色彩的节奏，就是生命的节奏。人类自古以来，也是凭借着这样的一种"枯寂到萌生、萌生到枯寂、枯寂再到萌生"的生生不息，才得以绵延至今的。这个绘本故事并不是在教会我们什么，而是在让我们感受、体验生命本源的快乐。

💡 讲述建议

把故事讲述成诗，在诗的意境里体验快乐。

这个故事的节奏如同一首诗，其彰显的对生命的好奇如同一首诗，其内隐的生命本质如同一首诗。那么要如何把这个故事讲述得如同一首诗呢？

仅仅感受如诗如画的画面还不够，需要配上能够氤氲画面气息的语言。

比如一开始要如何营造那种雪花纷飞的寂静冬天呢？语言需要有节奏，孩子的感受特点又需要重复。我们可以这样来讲述：

雪轻轻地飘，小田鼠在睡觉。

雪轻轻地下，小田鼠在睡觉。

雪轻轻地飘，大熊在睡觉。

雪轻轻地下，大熊在睡觉。

雪轻轻地飘，蜗牛在睡觉。

雪轻轻地下，蜗牛在睡觉。

雪轻轻地飘，树上的小松鼠在睡觉。

雪轻轻地下，树下的土拨鼠在睡觉。

语气极轻，轻得如同雪下的声音。轻得不忍心去叨扰冬眠的小动物们。

"有一天——"讲述的语气和节奏都发生变化，突出故事中先静后动的节奏，预示着一切要萌动了。

小田鼠醒来了，他在吸气，吸了又吸。

大熊醒来了，他在吸气，吸了又吸。

蜗牛醒来了，他在吸气，吸了又吸。

树上的小松鼠醒来了，他在吸气，吸了又吸。

树下的土拨鼠醒来了，他在吸气，吸了又吸。

×××（听故事的孩子）醒来了，他在吸气，吸了又吸。

吸气的动作，引导听故事的孩子进入故事，也更能够站在小动物的角度去体会和感受。这个时候，你甚至可以闭上眼睛问一问孩子吸到了什么。

当所有小动物都被什么味道唤醒的时候，可以添加"所有的小动物，探出脑袋，他们用力吸气，他们吸了又吸"，这样就可以体现小动物们蓄势待发的阵势。

小田鼠开始跑。

大熊开始跑。

蜗牛开始跑。

树上的小松鼠开始跑。

树下的土拨鼠开始跑。

极具动感的一个画面，增强了悬念，孩子的好奇更甚了。此时，再加一个层次，"他们吸气，他们跑，他们吸气，他们跑，他们吸，他们跑——"感受在跑的过程中，吸得急促、跑得迫切的动态感。

这样才能促使听故事的孩子，到了所有小动物停下的时刻，生出让大熊挪一下位置的迫切渴望。而当视角慢慢升高到能够看到雪地里那朵小黄花的时候，内心才能生出欣欣然的喜悦来，由衷地说出："今天好快乐啊！"

小田鼠说，今天好快乐啊！

大熊说，今天好快乐啊！

蜗牛说，今天好快乐啊！

树上的小松鼠说，今天好快乐啊！

树下的土拨鼠说，今天好快乐啊！

×××（听故事的小朋友）说，今天好快乐啊！

让情绪自然流淌，就能真正经由这个故事体验到故事标题所彰显的快乐。

活动设置

和孩子一起去户外寻找春天的味道！和孩子一起打开嗅觉，闻一闻春天泥土的气息，混杂着青草味和花香。还可以收集一些透明玻璃瓶，插上香气四溢的花朵；采摘一些新鲜的香椿，炒鸡蛋让孩子尝一尝；等等。

09
巴士到站了

文 / 图:［日］五味太郎
译：朱自强
出版社：明天出版社

📖 内容简介

巴士到站了，画画的人下车了，扫墓的人下车了，卖货的人下车了，盖大楼的人下车了……

巴士到站了，有的人高高兴兴地下车了，有的人成群结队地下车了，有的人急匆匆地下车了……

巴士到站了，有的人是被人打电话叫来的，有的人是到了自己打球的地方，有的是护士来接病人的……

巴士到站了，下一站又会是谁下车呢？天黑了，巴士会到哪里去呢？一起来看看吧。

✏️ 故事解读

小孩子很喜欢玩扮演上下巴士的游戏。我记得儿子在阳台上玩的时候，把摆在那里的一张椅子当作驾驶室，在椅子上面放了一个圆形的空饼干盒，就是方向盘了。阳台上的晾衣架以及晾衣架上一个又一个的衣架，就变成了防止摔倒的拉环。他自己则是巴士司机，让我们站在他的身后，拉住高处的拉环，乘坐他的巴士。到了某个站点，他会让我们从阳台的推拉门那里下车。当然，没有太多游戏对象的时候，他又会让我们上车，问询我们去哪里，因为我们是刚上来的乘客。

小孩子的游戏，往往就是他经历过的生活。五味太郎所写的这本绘本描述的正好就是孩子眼中的巴士生活。

坐在巴士里的小孩子，他们的目光总是观察着每一个上上下下的人，用他们特有的视角去体察着周围的一切。而坐在五味太郎巴士里的小孩子，关注的并不是上车的人，而是每一个下车的人。这些下车的人会去哪里？会干什么呢？观察这个站点，观察下车人手里拿的东西，观察他下车的样子，孩子会有自己的判断。

金色的沙滩，美丽的海边，下车的人手里还有画板和毛笔，嗯，就是画画的人下车了。

山坡下，还有十字架，是来这里扫墓的人下车了。

密集的房子，热闹的集市，又背着沉重的货物，一定是来卖货的人啊。

巴士到站了，是个建筑工地，戴着安全帽的一群人，一定就是盖大楼的人下车了。

巴士到站了，分不清这是个什么地方，但就是有很多人急匆匆地下了车。这超越了小孩子的经验范畴了。

巴士到站了，这个地方认识，是一个大型的游乐场，大家成群结队、兴冲冲下了车，他们是去游玩了。

巴士到站了，正在下车的那个人，刚才接了个电话，嗯，他是被电话叫来的人。

巴士到站了，前面是个球场，总听大人说，我们的球队打球总是输，那一定是打球总是输的人吧！他们下车了。

……

我们通过小孩子的眼睛，看到了人生百态，看到了简单、纯粹又充满了烟火气的世界。有护士来接病人，有妈妈盘算着晚上烧什么菜，有的人等得不耐烦了，有的人是从远方回来的，也有不情愿给人买东西的人……大人的世界充满了喜怒哀乐，就和小孩子时而高兴时而难过一样的呢！不过小孩子并不太在意这些，他们更多地是感受到了旅程的愉快。这可以从五味太郎缤纷的画面色彩以及画面的简单明快中感觉得出来。

最后，画面的色彩渐渐凝重了起来，因为天黑了，星星升上了天空，司机也下车了。

和幼儿园的小孩子相处了几十年，我领悟到一点，小孩子比我们大

人更为靠近生活的真实、生命的真实。而这本绘本也把孩子眼中巴士生活的真实给描绘了出来。所以我在给孩子创设的交通工具课程里，毫不犹豫地选择了这本绘本。

💡 讲述建议

和孩子共读一次，就是乘坐一次巴士。这种方式的阅读，会让孩子更有身临其境之感。

阅读这本绘本，要秉承"孩子观察在前，大人讲述在后"的原则。也就是说在共读的时候，小孩子自然而然就会观察书中的细节，甚至都不用大人问询，他们就会说（封面）这儿有一辆巴士。那我们就自然回应："巴士旁边有什么？大树还是长椅？咦，长椅旁边是什么呢？"不急着给答案，让孩子先阅读和感受，之后再尝试猜测答案。因为就在书名页上，这个标记被放大了表示出来。

翻到第一页，和孩子一起仔细地观察——这是什么地方？都有谁？他在干什么？当孩子进行了充分观察之后，我们可以按照文字进行总结性讲述："巴士到站了，来画画的人下车了"。

之后的每一页都是如此，和孩子先充分地观察和发现，然后再讲述书中的文字。书中的文字，每一句的开头都是"巴士到站了"。它给予讲述一种节奏感、韵律感，人会在这样的文字节奏中，产生一种愉悦的感觉。

每一页孩子的观察和发现，既是对这些节奏文字的印证，也是对这些节奏文字的拓展。而观察和发现的小孩子，就好像也坐在这辆巴士上，旁边坐着和他一起观察和发现的大人。这是一趟非常奇妙的阅读旅程，因为它就像一趟真实的巴士之旅。

最后，大人可以说："啊！终点站到了，我们也下车了。"大人和小孩子还可以站在站点（想象中的场景）去观察和猜想，司机叔叔会把车开到哪里呢？

我们把一次阅读变成一趟真实的乘坐巴士的旅程。当然别忘了，和孩子一起思考，那个长椅旁的标记是什么意思。尤其注意要尊重孩子的表达方式，不要急着给孩子一个标准固定的答案。如果你认为孩子描述得不准确，那就等下一次阅读的时候让孩子再重新表述吧！抑或，和孩子亲自坐一次巴士，去看看它到底开到了哪里。如果孩子还没有办法抽象概括，那就请他去问一问警察叔叔，这一定是一段不同寻常的旅程。

🫂 活动设置

来一场"巴士到站"的游戏吧！

首先，把家里的各个地方变成不同的站点。和孩子一起来制作这些站点，孩子用画画来表明这些地方都是什么站点，大人再在上面用文字标注。然后，用一个牛奶纸箱子制作一辆小小的巴士，并进行装饰。最后，就可以让孩子开着这辆巴士去工作了，家里的人就是上上下下的乘客了。

10
薯片好了没

文：[日] 森山京
图：[日] 佐野洋子
译：王维幸
出版社：长江少年儿童出版社

📖 内容简介

在很远的城市工作的爸爸发来电报，说他要回家来了。小猪们期盼着爸爸回来时带的礼物，猪妈妈则忙着去给猪爸爸和小猪们做最爱吃的薯片了。大家一起帮忙洗土豆，可是，小猪们觉得做薯片好麻烦啊，一个个都出门去玩了。在小山坡上玩的小猪们，迫切地等着妈妈的薯片快点做好。于是哥哥姐姐们就让最小的猪小弟回家去，偷偷看看薯片好了没。就在他们玩捉迷藏的时候，猪小弟摸到了一个高高大大的人，不是哥哥，也不是姐姐，他是谁呢？

✏️ 故事解读

好的文学作品，能够充分表现生活的真实和本质。而这个绘本故事恰恰就是这样的一部文学作品。它讲述了爸爸在外打拼、妈妈在家操持的普通家庭生活。一家人听到爸爸要回来了，孩子们期待和憧憬着爸爸的礼物。对意外惊喜的想象应该是孩子最大的幸福了。而猪妈妈呢？她想到的就是去做猪爸爸和小猪们都爱吃的薯片，可以感觉到这是一个内心充满爱的妈妈。孩子们喊着要帮忙，于是一个个一字儿排开帮着洗土豆，猪妈妈忙着给土豆削皮，这样的画面，其乐融融，多么令人羡慕！

不过小猪们还是孩子，他们听了猪妈妈接下来的做薯片步骤，觉得太麻烦了。此时猪妈妈有没有说教呢？什么事情不能半途而废啊！有没有激励呢？快点做完薯片，爸爸就回来了，他还会给你们带礼物呢！

统统没有！猪妈妈只是说，你们不用帮忙了，你们去玩吧！这是一个了解孩子、理解孩子的妈妈。小孩子天性贪玩，就这一点常常会引起我作为老师和妈妈的思考。当我们在培养孩子某种习惯的时候，在刻意和熏陶之间，常常选择了前者，让习惯的培养带来了很多适得其反的结果。

可是在山坡上玩的小猪们，还是非常关心薯片做到了哪一步，因为都很喜欢吃啊！但是每一次猪哥哥和猪姐姐总是派最小的猪弟弟去。多么形象的生活景象啊！每一次猪哥哥和猪姐姐都要吩咐猪小弟不要被妈妈发现，可猪小弟偷看了三回，三回都被妈妈发现了。第一次摔了个四脚朝天，被妈妈听见了；第二次摘了几朵粉色的瞿麦花送给妈妈；第三次猪小弟可是蹑手蹑脚进门的，可还是被发现了。这就是大人的视角和小孩视角的落差。小时候我们总是纳闷家长和老师是怎么知道我们是怎么想的呢，长大了才知道个中原因。

哥哥姐姐从猪小弟那里知道薯片快做好了！就像真实生活中的哥哥姐姐想要捉弄弟弟妹妹一样，他们玩蒙眼捉人的游戏，可是轮到猪小弟扮瞎子的时候，哥哥姐姐一个个都跑回去吃薯片了，只留下猪小弟一个人在山坡上到处抓人。而憨憨的猪小弟还在奇怪，为什么抓不到哥哥姐姐呢？

此时，在山坡上蒙着眼捉人的猪小弟，撞到了一个人，个头比哥哥姐姐要大的人。是的，猪小弟撞到了大家一直在等的爸爸。他没有在意哥哥姐姐甩了自己，而更在意自己第一个见到了爸爸，而且还能独自一个人坐着爸爸的宽厚肩膀回家。这才是猪小弟认为的最幸福的事情！

整个绘本故事，处处都弥漫着家人之间温暖的爱。比如猪妈妈在一家团圆的日子做薯片，让孩子去尽情地玩；比如猪小弟摘了瞿麦花儿送给妈妈；比如猪爸爸紧赶慢赶想要回家团圆；比如猪爸爸遇见猪小弟一把把他抱住。尤其是猪小弟骑坐在爸爸肩膀上的情形，让我想起了小时候坐着爸爸肩膀去村头看电影的温暖。

全书最动人的地方就是猪小弟居然采了粉色的瞿麦花，送给妈妈。作为老师，我常常会收到来自孩子们这样可爱、天真的礼物，那感觉可真的非常甜蜜呢！而猪妈妈呢，又是那样真挚地回应着孩子："在爸爸回来前，妈妈要换一身新衣服，到时候就把这朵花戴在胸前，谢谢你！"就是这样一句话，体现了妈妈对孩子的尊重，好像是在和孩子说话，又好像是在和一个大人说话。这样的一种生命姿态，是我们作为成人都需要好好学习的。

⚬ 讲述建议

读了这本绘本，我们来想想一家人在团圆时最喜欢做的事情，并要有实际行动。

这样体现生活美好的故事，我们可以全身心地把自己沉浸其中来讲述。作为爸爸妈妈重要的不是要交给孩子什么，想要孩子在书中收获点什么，而是全然放掉所有有意识的目的，让自己沉浸在这位妈妈的角色当中，去感受、去体验、去体会、去领悟……如果你是一个妈妈，那就体会一个妈妈如何爱远在他乡工作的爸爸，如何爱自己的孩子，如何爱自己，感受她爱的智慧和爱的能力。如果你是一个爸爸，那就体会一个妈妈在家养育孩子、操持家庭的辛苦，感受故事中的爸爸如何爱孩子、如何渴望回家的心情，领会他爱的深切和厚重。

这样体现生活美好的故事，往往也会激发孩子的好奇心。有哪一个孩子不爱吃薯片的呢！和孩子一起来说一说猪妈妈和小猪们是如何做薯片的，并梳理做薯片的步骤：清洗、削皮、切片、泡水、晾干、油炸。最后问一问孩子，为什么小猪一家要做薯片呢？因为小猪的爸爸要从很远的城市回来了，一家人要团聚了！那我们一家人每一次团聚的时候，都会做什么呢？或者以后我们一家人团聚的时候，我们都最想做什么呢？

回想一家人做过的那些体现温暖和爱的事情，你会发现，爱建立在一家人彼此了解的基础上。

活动设置

1. 和孩子一起按照书中做薯片的步骤做一次薯片。

2. 请家人围坐在一起，说一说、画一画其他人最喜欢吃的东西，最喜欢做的事情。然后大家投票来决定下一次全家人团聚的时候要做的事情。

11

月亮的味道

文 / 图：[波兰] 麦克·格雷涅茨

译：漪然　彭懿

出版社：二十一世纪出版社

📖 内容简介

　　夜晚的山冈上，一双亮闪闪的眼睛望着月亮。月亮是什么味道的呢？是甜的，还是咸的呢？就像又薄又脆的香饼干一样呢！让人忍不住流口水啊！所有的动物都是这样想的。有一天，一只小海龟下定决心，要一步步爬到最高的山上，去摸一摸月亮。可是即使爬到了高山上，也还是够不着，于是一个动物喊来了另一个动物，另一个动物又喊来了另一个动物，大家堆叠在一起，可每一次就要够到月亮的时候，月亮就往上一跳。直到最后小老鼠来了，月亮心想，这么个小不点儿，肯定捉不到我的。就在月亮玩累的时候，小老鼠"咔嚓"咬了一口月亮，然后所有的小动物都分了一口，这真是世界上最好吃的东西了。小朋友们，你们也来尝一尝吧！

✏️ 故事解读

　　人类自古就对天空有着无穷的想象。小时候，外婆带着我在夏天的夜晚纳凉，她给我讲牛郎和织女的故事，给我讲月宫里嫦娥和玉兔的故事……外婆哄我睡觉的时候，总是给我唱月亮粑粑的童谣。等到我有了孩子的时候，我的妈妈又给他唱月亮粑粑的儿歌。或许，对于小孩子来说，月亮就是个好吃的粑粑，非常诱人。

这本绘本封面上的月亮，非常有吸引力，有一种特别的质感。这个月亮，太像那种薄薄脆脆的饼干了，或者是孩子们都非常喜欢的薯片。所以一到夜晚，小动物们都会着急地跑到山冈上看月亮，并对着月亮馋得流着口水。

小孩子最敏感的部位就是嘴巴了，因为他们最先就是通过嘴巴来认识世界的。我想起儿子小时候看到任何东西都要放进嘴巴咬一咬，然后再敲一敲的场景，这就是小孩子认识世界的方式。

月亮到底是什么味道的呢？真想尝一尝，可是够不着啊！关键是天天看，也没有勇气去试一试！最后还是最小的小海龟，下决心要去最高的山上试一试。这给了孩子无穷的力量感，因为小孩子就是这个世界上最小的人啊！他们一出生，看到的就是大人，而且所有事情他们都需要一件一件去学，他们深感自己的渺小和无力。可是，在这个绘本故事里，最小的小海龟却是第一个下定决心、有勇气去尝试的人，这给阅读这个故事的小读者以激励的力量。

这本绘本是以小孩子的视角在看待万物呢！月亮也是有灵性的生命，他看到小动物要来够自己，就觉得这是小动物和自己玩游戏吧！于是小动物靠近一点，他就往上跳一点，十足一副调皮捣蛋的小家伙模样。阅读这本绘本的小孩子代入小动物的角色，他可能会十分着急：怎么还够不着月亮呢？月亮怎么这么调皮呢？

小老鼠爬上来的时候，月亮并没有重视，他认为这么个小不点一定够不着，所以躲也没有躲，跳也没有跳。而月亮此时也累了，于是，月亮就被这么小的小老鼠咬到了。又是一个表现"小"的形象，这也是孩子容易自居的形象，而这样的形象恰恰赢了，那么孩子在阅读时会感觉仿佛是自己赢了。

这月亮为啥一会儿是圆的，一会儿又是弯弯的呢？原来是被小动物吃掉了！这就是小孩子的想象。被吃掉当然就不开心了！所以有灵性、有生命的月亮是快要哭出来的表情。小孩子玩游戏输了也都是这个表情。是的，在你追我躲的游戏中月亮输了，所以就被小动物吃成弯弯的月亮了。这样一讲的时候，小孩子如果有机会望着月亮，那么一定是无比遐想的表情呢！

满月的时候是圆满开心的，弯月的时候是缺憾伤心的。月亮的表情应和了人们对满月和弦月的想象，应和了孩子对事物想象的逻辑。

但是当小动物们吃了一顿月亮大餐，安静睡下的时候，故事还没有结束。河里那只小鱼的疑惑，给小读者留下了绵长想象和思考的空间。小动物们为什么费劲儿爬高去摘月亮呢？水里不就有一个嘛！

每一个小孩子听到这里都会会心一笑，然后大声告诉小鱼，那个不是月亮，而是月亮的影子。

💡 讲述建议

对于这个故事里的科普性知识，最好的途径就是在真实的自然里去观察和感受。

每一次和儿子讲述这个故事时，我都会哼唱："月亮在白莲花般的云朵里穿行，晚风吹来一阵阵快乐的歌声。我们坐在高高的谷堆旁边，听妈妈讲那过去的事情。我们坐在高高的谷堆旁边，听妈妈讲那好听的故事。"是啊，被子就是我们的谷堆，《月亮的味道》就是我们要讲的故事。

一边讲一边翻开绘本故事，数一数来山冈上看月亮的小动物有几只！数来又数去，嗯！有九双眼睛呢！都是谁呢？孩子的好奇心被勾起了，他迫不及待地想知道答案。

第一个下决心的是谁呢？小海龟。他这么小，居然还不怕。他为啥要喊来那么大的大象帮忙啊？不怕把自己压扁吗？不一定非得要孩子回答这些问题，重要的是孩子产生疑惑和好奇，如此才能真正引发更绵长的思考。

一共来了几只动物呢？翻回去数一数，看一看。嗯！一共有八只小动物来叠加够月亮了！月亮真是好吃啊！给讲故事的爸爸妈妈来一片，给听故事的娃娃来一片。咂咂嘴，好吃！可是，还有一个动物是谁呢？和孩子一起找一找。

月亮变弯了，不要急匆匆地给孩子科普满月和弦月的知识，讲故事重要的是感受和体验，重要的是在感受和体验中，是否有疑惑和思考的延伸。很多孩子第一次聆听这个故事的时候，更多的就是感受月亮和小动物玩游戏的那种有趣。只有经过反复阅读和聆听，他才能慢慢体会到月亮从高兴到不高兴的变化。并且有了在月光下赏月的机会，孩子才有可能将书中的感受和生活中的观察连接起来。所以重要的不是告诉他们知识，而是提供感受和观察的环境，让孩子自然而然地去连接知识和经验。

👥 活动设置

　　来一场摘月亮的格子游戏！

　　在家里的空地上，用绳子或者直接画线成九个格子，格子的一头放置一个圆形的事物来表征月亮，或者干脆就用饼干来表示。格子的另外一头就是摘月亮的起点，然后所有人开始跳格子，一直跳到天上把月亮吃了。

12
我妈妈

文 / 图：［英］安东尼·布朗
译：余治莹
出版社：河北教育出版社

📖 内容简介

　　我有一个很棒的妈妈。她是手艺独特的大厨师，她是神奇的画家，她是有魔法的园丁，她是一个电影明星，她是个老板，她是一个舞蹈家，她是好心的仙子，她的歌声像天使一样甜美，有时候吼起来像狮子一样凶猛，她像蝴蝶一样美丽，她像沙发一样舒适，她像猫咪一样温柔。有时候她像犀牛一样强悍，她是一个超人，她是这个世界最强壮的女人。她真的很棒很棒，她也爱我。

✏️ 故事解读

　　孩子成长的过程，就是逐渐远离妈妈不断独立的过程。在这个过程中，小孩子从认为妈妈是自己的一部分开始，到慢慢地认识到妈妈是一个独立的个体。小孩子从全能的依恋，到部分的依恋，再到自我的独立，心里对妈妈的爱会滋生诸如怀疑、沮丧、失望、伤感等繁复的情绪。如何疏通、如何表达、如何界定，如何在亲子关系中确认自己是被爱的，《我妈妈》这本绘本给予了最好的诠释和表达。

　　妈妈不再是自己的一部分，不再是自己一动念就能来的一部分了——小孩子走出了人生的第一个"自我中心"。孩子想不通，怎么有时候我的需求妈妈能够感受得到，有时候又感受不到？有时候妈妈好像很爱我，有时候又好像对我视而不见？于是，小孩子第一次用旁观的视角来观察妈妈。

妈妈会做各种好吃的给自己吃。

妈妈的手里总是会变出各种各样的好玩的，我拿一两个玩具就会掉了，她拿那么多也不会掉，就像个杂技演员。

妈妈在脸上画起画来，样子就变了，可能妈妈是个画家。

每当妈妈从超市回来的时候，就像一个大力士。

家里的每一盆花和草，妈妈好像都有本事让它们长得特别好。

有时候我难过了，妈妈总是能够把我哄开心，就像故事里好心的仙子。

妈妈给我唱起摇篮曲来，也是世界上最好听的，真的很甜美。

妈妈也会生气，吼起来，就像狮子一样凶猛。

······

她的歌声像天使一样甜美。

吼起来像狮子一样凶猛。

我妈妈真的、真的很棒！

对妈妈的每一个形容，都是来自生活中的某一个场景，源于孩子真实的感受。好的感受，有；坏的感受，也有。这个妈妈在孩子的眼里，逐渐变成了一个完整的人、真实的人。最为重要的是，孩子经由这样的观察、感受和表达，让你能够感
觉得到他对这个真实妈妈的接纳。
这个妈妈会生气吼叫，这个妈妈
也温柔细腻；这个妈妈很强悍凶
猛，这个妈妈也可爱美丽。无论
怎样，孩子就是觉得这个妈妈很
棒很棒，他很爱她。是的，你会
看到孩子率先、主动、发自内心
地进行爱的表达，给予妈妈爱的
表达。关键是，孩子也确认这个
真实的妈妈很爱自己，而且永远
爱自己。不管是爱妈妈还是被妈妈爱，都是这个小孩子主观世界的认知。
这一点是好的亲子关系的最好呈现。

　　这个世界不完美，我们自己不完美，我们的家人不完美，我们的朋
友不完美，但这就是生命的真实，我们在认清过后，依然爱这真实的一
切，这就是爱生命本身，也是幸福的本源。

💡 讲述建议

　　注意以小男孩的口吻讲述，以体现小男孩自主的爱以及对爱的确认。
　　关于这本绘本，有很多有趣的阅读方式。
　　比如一开始翻到爱心花布，让孩子猜一猜，这是什么？后面藏着
谁？通过这样一个反推思考的过程，去感受"爱心"和"花布"两个元
素与妈妈的内在关联。
　　比如我们都注意到孩子对妈妈的每一个形容，都对应着生活中的一
个真实场景。我们可以一边和孩子阅读，一边尝试和孩子还原这个生活

场景。说到妈妈是个手艺特别好的大厨师时，想一想这是妈妈在做什么的时候；说到妈妈是一个大力士时，想一想这是妈妈在做什么的时候。这样的阅读，可以让孩子充分感觉到，书本创作来源于真实的生活。

比如和孩子多次阅读这本故事之后，可以尝试和孩子进行对话式讲述。一个讲述真实的生活场景，一个讲述书中对应的文字。比如大人讲述"妈妈早上起来就在镜子前化妆"，那么孩子就对应"妈妈是一个神奇的画家"；大人讲述"妈妈在阳台上给小草、小花浇水"，小孩子就可以对应"妈妈是一个有魔法的园丁"……

讲述的主角是这个小男孩，所以讲述抑或对话讲述的时候，口吻都是小男孩的。此外，通过讲述的语气来体现小男孩认为自己爱妈妈以及妈妈永远爱自己的心理感受。在讲述过程中，每一个妈妈，都可以像书中的妈妈一样，主动去拥抱孩子，让孩子感受到自己满满的爱意。

🔲 活动设置

基于以上阅读方式，小孩子会充分把握真实生活和书面表达之间的关联，因此可以据此——

1. 让孩子来编写一本《我妈妈》；

2. 爸爸妈妈各写一本《我家宝贝》；

3. 开一个阅读分享会，和孩子阅读彼此的创作。

13
提姆与莎兰去野餐

文 / 图：[日] 芭蕉绿
译：[日] 猿渡静子
出版社：南海出版公司

📖 内容简介

　　提姆和莎兰是一对双胞胎。春天来了，正是野餐的好日子！爸爸忙着为野餐准备盒饭，妈妈忙着装野餐吃的小点心，提姆和莎兰也兴高采烈地准备自己想要带的东西。提姆甚至带上了储钱罐，莎兰居然带上了布娃娃。就这样一家人出发去野餐了。就在他们准备大餐一顿的时候，天上居然滴答滴答下起了雨，真糟糕，这可怎么办呢？他们只好赶紧收拾好一切急急忙忙往回赶，可是，野餐却泡汤了，心情真是好沮丧啊！后来提姆和莎兰想到了一个好办法……

✏️ 故事解读

　　我记得当年买回这套提姆莎兰的时候，儿子刚刚 3 岁多一点。我以为这样秀气、清新的绘本风格，作为男孩子的他不一定会喜欢。但是每晚请他随意从书架上拿下一本书来共读的时候，稚嫩的他总是从一堆书当中挑中提姆莎兰的书。就是从他一次又一次自然、随性的挑书规律当中，我了解到这套书和孩子日常生活的贴合性。故事中的提姆和莎兰是两只小老鼠，可也是生活中活泼泼、真实的孩子。

　　没有一个孩子不喜欢野餐，没有一个孩子不喜欢自然。在幼儿园的教室里，我们会用一块布，或者围拢几把椅子做野餐的地儿，然后把玩

具当作食物。在我设计的季节课程里，总是要在春天安排野餐计划的，就像提姆、莎兰家一样。

环衬页的绿叶白花，一片清新的绿，就是在告诉你春天的来临。书名页是提姆在喊莎兰起床，为什么？因为到了野餐的好日子啊！

这是其乐融融、充满爱意的一个家，爸爸在准备孩子爱吃的盒饭，妈妈在准备野餐用的小点心。爸爸让孩子快去换睡衣，妈妈让孩子准备自己要带的东西，如果磨蹭就不带去野餐了。这些就是日常生活中爸爸妈妈常说的话啊，孩子们听来非常熟悉和亲切。爸爸妈妈有自己的原则，认为孩子带了不必要的东西，孩子如果非要带，也不好阻拦，但一定是孩子自己背。这些生活的细节，彰显的是生活的烟火气，也彰显了精微的生活智慧。

一家人兴致勃勃地准备野餐的各种材料，可就在准备就绪的时候，下雨了！在大树下等雨停，可天却越来越黑，大家顾不得想，只能一口气跑回家。可是，孩子还想着要野餐。打着伞野餐可以吗？在妈妈的拒绝中，在孩子的抱怨中，在坏情绪的累积中，一个新的创意居然就这样出现了：在家里的客厅野餐。这是会玩游戏的爸爸妈妈给予孩子真实有趣的礼物。

窗外的雨下得越来越大，坐在客厅野餐垫上的妈妈居然想起

了漂流，兀自想着用什么来做桨呢！而爸爸呢，拿起扫帚，就划起船来。沙发成了岸，孩子们就成了小鱼儿，爸爸成了钓鱼的人……

我想起我家里的那张红色的月亮沙发，儿子常常对窝在里面看书的我呼唤："快来钓鱼啊！快来钓鱼啊，这儿有一条游来游去的小鱼（就是他呢）。"我把他钓上岸，然后刮鱼鳞、切块，每一次都切得他咯吱咯吱直笑。然后放点油，放点盐，放点水，煮煮就吃了。他最喜欢的就是被啊呜啊呜吃掉的痒痒了。我们玩得乐此不疲！

每一次，腼腆内向的儿子来到小区，都会想着如何吸引别的孩子一起来玩呢！儿童心理学家皮亚杰说，这样大的孩子最喜欢的就是这样的象征性游戏（想象游戏）了。每一次，只要我和儿子玩起提姆莎兰的想象游戏时，保证有一群小孩子会立刻好奇地观望，也会在观望之后很快加入我们的想象游戏。

在史蒂文森的诗集《一个孩子的诗园》里，每一首诗几乎都是这样想象游戏的描述。就比如在《积木城市》中：

> 雨也许会下个不停，大家都去散步，
> 我却喜欢待在家里，建房，搭屋。
> 把沙发当山，地毯当海，
> 我要给自己建一座城市：
> 有教堂、有磨坊、有宫殿，
> 还有港口停泊着我的船只。
> ……

《提姆与莎兰去野餐》不仅仅是一本体现家庭温馨有爱的书，更是一本体现儿童游戏特性的书。阅读这个绘本故事，可以触发你想象的闸门，让你在天马行空的想象世界里驰骋和畅游。

作为父母，阅读这本绘本时，要有意识地习得其中父母的教育智慧。

讲述这个绘本故事，不需要什么讲述技巧，因为故事体现了生活的真实性，贴合了儿童游戏的特点，不管你怎么讲，孩子都会喜欢，也会在讲述故事之后萌发起在家里野餐的念头。我记得当年儿子在客厅的帐篷里整整睡了一个月！

父母讲述这个绘本故事的时候，可以去感受故事中爸爸妈妈养育孩子的生活智慧：承诺带孩子野餐，就认认真真地准备；对孩子提出正常的生活自理要求，不包办替代；允许孩子坚持自己的想法，但需要自己承担责任；让孩子参与准备野餐的各种事情，感受作为家庭一分子的责任；等等。爱和要求不冲突，父母要有能力协调统一二者。妈妈催促孩子换掉湿衣服，伞坏了批评孩子，但是又是在这样的一种张力中，想着法子弥补不能野餐的遗憾。爸爸想到了在客厅里野餐，妈妈想到了去漂流……这样的生活智慧，需要在一遍又一遍的阅读中辨析和体悟，从而让它们在自己家里有所体现。

活动设置

和孩子来一次客厅野餐吧！

和孩子来一次沙发当岸、地毯当海的游戏之旅吧！

或许你和你的孩子还能够触发更远更有趣的想象之旅，或许你们的沙发变成了一条船，开到了你们想去的每一个地方……

14
猫太噼哩噗噜在海里

文/图：[日] 菅野由贵子
译：蒲蒲兰
出版社：二十一世纪出版社

📖 内容简介

　　猫太是一只猫，住在海边的一只猫。有一天当他在海边的小船里发呆的时候，被一只叫作卡米特的大鱼给吞下了肚子，这下可怎么办呢？没有想到的是，猫太居然喜欢上了卡米特身体里的神奇世界：他可以从卡米特的眼睛看大海的风景；他可以在卡米特的鳃里呼吸新鲜空气，看美丽的花朵；卡米特的尾巴里有软乎乎的床，可以让他很快消除疲劳……猫太不明白，这样快乐的生活鱿鱼为什么选择离开，最后猫太自己也有了想要离开的渴望……

✏️ 故事解读

　　这是一本神奇的书，我儿子小时候看了一遍又一遍。早先，我更多地认为是儿子总爱琢磨世界万物的各种奇妙，而这个绘本故事的奇思妙想、天马行空，恰恰满足了他的好奇心。他尤其好奇大鱼卡米特身上的各种神奇设施。这些设施的功能又与实际生活中器官本身的特性有很大的相似性，小孩子很喜欢这种看似科学性的幻想，因为这符合他们对事物的理解。比如卡米特的眼睛是观察窗，可以看外面的风景，而眼睛本来就是静观万物的。比如卡米特的鳃，就是鱼用来交换空气的，在这里就变成了新鲜空气房，可以呼吸新鲜的空气，因为有新鲜的空气所以这里有各种奇异的花朵。真是奇妙又合理的联想！再比如背鳍的雷达功能，尾巴的卧室功能……太符合小孩子联想的特点了！他们在卡米特的肚子里一遍又一遍地观察和发现，最后甚至发现了猫太进入和离开卡米特的整个结构过程。儿子想起了自己在上海科技馆坐水果车进入奇妙大嘴的经历，这不就是猫太正在进行的游历吗！他从长长的食管，到了卡米特的胃部，这里就是卡米特的宴会厅，然后再到身体的各个部分旅行。如果想要离开卡米特，就只能变成屎。就像我们坐着水果车，奇妙大嘴以为我们就是好吃的水果，可是当我们到了大小肠的时候，它发现我们无法消化，原来我们竟是游客啊！所以我们就赶快变成屎出来了。

经验和经验的相似和关联，会让小孩子极其兴奋，仿佛发现了新大陆。

但后来，在一遍又一遍的阅读中，我体悟到孩子心理上的紧张和刺激，抑或说在阅读过程中孩子心理上一种微妙的转换体验。

就比如当猫太在一个好天气里坐在小船中发呆时，海底突然浮出一个圆圆的东西，不断逼近猫太，越来越近，那种紧张，那种害怕。猫太急了，出拳，飞脚！可还是被这个很大很大的东西一口吞了下去。孩子读到这里，总会紧张得不敢看，却又因好奇特别想要往下看，心里觉得特别刺激，特别惊险。小小的孩子来到这个世界，面对这个世界里的一切，面对大人的强大，面对怎么拿也拿不到的玩具，都常常会有这样的一种被吞噬的感觉。这种感觉在这个故事里得到了回应。

再比如，猫太适应了在大鱼卡米特身体里的安逸生活，他想一直一直在这里待下去。可一开始迎接自己的鱿鱼却要离开这里了，他告诉猫太一个秘密，那就是想要离开这里，需要把自己变成屎。这是一种暗喻。猫太在大鱼卡米特身体里的安逸生活，是一种"躺平"的状态，是一种"沉溺"的状态。小孩子也会有类似的状态：总是学很多东西，累的时候就想要躺下来，什么也不干；很喜欢吃冰激凌，大人总是不肯，就要想尽办法吃到；很喜欢玩具汽车，去到哪里看到汽车就想要玩，想要占有……那么这样"躺平""沉溺"的状态久了，小孩子就会急躁、烦闷，甚至会发脾气、大喊大叫。就像猫太有一天看到镜子里的那个自己，非常难看的自己，自己也不忍看的自己。这就是鱿鱼告诉猫太的秘密——这样的生命状态已然变成了"屎"的无意义状态。孩子天性是不喜欢也不甘于这样负面的状态的，这是他们不能言说清楚却遵从本心的生命直觉。

阅读猫太的故事，对孩子来说是一种"戒"，因为从他人的生活里看到了一种可怕的结果，就仿佛自己也经历了那么一回似的。如果自己的生命体验里出现这种"沉溺"的感觉，自己的内心就会自然形成一条警戒线，生出警惕心。因此阅读这本绘本，就如同打了一剂疫苗一样。

💡 讲述建议

阅读这本想象奇特的绘本，最重要的就是追随孩子的目光去观察。孩子问询在前，父母重在共同疑惑，共同寻找答案，而不是仅仅提供现成的答案。

这是一本无论年龄多大都可以一直反复阅读的绘本。小时候阅读，就是在阅读的过程中穿越和体验；长大时候的阅读，就能够结合自己的生活进行思辨。

每一个小孩子阅读，都很喜欢"噼哩噗噜"这样的象声词，说一次，就要笑一次。这个词好像放屁的声音，又好像在水里扑腾的声音。小孩子也很愿意了解食物从嘴巴到食管，从胃到肠变成屎的整个自然过程。想要知道生命本来的这些奥秘，是人的天性。

爸爸妈妈和孩子共读的时候，请更多地追随孩子的目光去一起观察，即留给孩子足够的时间观察图、感受图，追随孩子目光里的每一个细节。当孩子发出"这是什么"的疑问时，就和孩子一起思考。但是答案不要走在孩子的疑惑之前，而是要搁在孩子疑惑、观察和表达之后。最好是引导孩子和自己一起来探究答案。比如如果孩子好奇卡米特的背鳍，那么我们就可以去查看关于鱼的科普类书籍，和孩子一起探索研究，让孩子能够将此名和此物在脑海中进行匹配，建构此物在脑海中的印象。

知识层面的问题可以随着孩子持续的探究而解决，而心理层面的紧张和离开慵懒生命状态的勇气，还是需要在反复阅读的过程中去体悟，不宜提问或讲解式说教。

👥 活动设置

用黄色卡纸剪一个可以看见内部结构的大鱼卡米特，制作以猫太和鱿鱼为形象的手偶，请孩子套上猫太手偶，爸爸或妈妈套上鱿鱼手偶，游戏开始了：猫太在大鱼的嘴巴处被吃掉，然后沿着食道滑进了卡米特的大胃宴会厅，在这里遇到了已经等待的鱿鱼（爸爸或妈妈套上小手偶），于是鱿鱼和猫太就开始了在卡米特肚子里的游历对话，直到鱿鱼离开，直到猫太变成屎也离开。

15

我想养只宠物

文／图：[英] 罗伦·乔尔德

译：漆仰平

出版社：北京联合出版有限公司

📖 内容简介

　　我是一个小女孩，一个想要养一只宠物的小女孩。可是，妈妈不喜欢掉毛的宠物，爸爸希望它住在院子里，奶奶希望它能够保持安静，爷爷干脆说买个毛绒玩具最合适。宠物店的阿姨建议我买条金鱼，可我不乐意。我想要养一头狮子，我想要养一只章鱼，我想要养一只蝙蝠，或者养一条大蟒蛇……可是，不管是爸爸妈妈，还是爷爷奶奶，总有人不太满意，我要养什么才能让他们每个人都没有意见呢？宠物店的阿姨说她想出一样来，那家伙不留脚印不吃人，不吵不闹也不动，是什么呢？想要知道的话，来看一看这本书吧！

✏️ 故事解读

　　孩子的思维和心理特性常常是"以自我为中心"的，他们在生活中需要更多的积极回应，需要更多的想象空间，需要更多的自处空间，而宠物往往是孩子很理想的伙伴。宠物一般非常听主人的话，能够让孩子感受到自我的力量感。宠物不会说话，更多是动作、神态的体现，所以在孩子的眼里，宠物可以给予自己积极的回应，不求回报的积极回应，持续持久的积极回应。不管和宠物去叙述什么，倾诉什么，它都会无条件地倾听。用心理学家温尼科特的话来说，宠物往往是一个非常好的过渡客体，协助孩子更好地和这个世界相处。每一个孩子都渴望有一只宠物。故事中的小女孩就是这样。

但是，孩子也会因为认知的局限而更易产生天马行空的想象。当这种想象和孩子想要一只宠物的事件整合起来的时候，就发生了奇妙的化学反应。

故事中的小女孩特别想要养一只宠物，于是她就去请求妈妈，可是大人们各自有各自的要求。这一点给我很大的感触，在现实生活中，父母有可能会反对孩子抱养宠物，但是不会这样直接地表达自己的要求，而是会以各种借口来搪塞、敷衍或应付孩子。故事中的妈妈表达了自己真实的感受，同样作为妈妈的我真是深有同感。我自己就很不喜欢一个动物跑到哪里毛就掉到哪里。爸爸不喜欢动物住在家里，希望它能够住

在院子里，这也是非常真实的要求。奶奶也是根据自己的身体需要说出自己不希望宠物大叫的要求。爷爷则给予了可行的幽默建议，买一个毛绒玩具最合适。面对小女孩的需求，家里的每个人都表达了自己真实的想法。没有因为溺爱而无条件满足孩子，也没有因为自我的真实需求而完全拒绝孩子。这呈现了一个充分表达、充分感受、充分商酌的过程。

当妈妈问询小女孩想要养什么宠物的时候，小女孩的想象之旅就此展开。她说她想要养一只非洲狮子，想要训练它去表演赢得满堂彩。奶奶对此会说什么呢？如果是我们，又会说什么呢？我们会不会说孩子瞎想，会不会说孩子无厘头？都有可能！故事中的奶奶说狮子有个坏习惯，

吃饱了饭还要吃零食。可能这个奶奶特别了解自己的孙女，也可能小孙女特别理解家人的要求，抑或小女孩本来就不确定自己心里的想法。反正她又想啊想，那就养一只绵羊，它们是素食者，可以和自己一起织毛衣。可是爷爷说，绵羊没有主见，只会围着你转。这位爷爷真是了解自己的小孙女不喜欢跟屁虫呢！

于是小女孩就想养一只大灰狼，故事中的大灰狼点子可不是一般地多啊！它还有一个好鼻子，永远能找到我们，我们永远走不丢啊！小女孩把对大灰狼的印象都从脑海里搬了出来，可是爸爸说狼会号叫，会让他头疼。小女孩见识过爸爸头疼的时候，这可不是件好玩的事情。那就养只章鱼吧！章鱼很安静，我可以在洗澡的时候和它一起玩潜水。可是家里负责打扫卫生的妈妈不乐意，章鱼会踩出更多的脏脚印啊！那大蟒蛇也不错，它们没有八条腿，而且几乎不出声。可是爷爷说，它会把你勒得紧紧的。那蝙蝠呢？害怕蝙蝠的妈妈不乐意，还威胁她不可以吃巧克力酥饼。妈妈知道那是小女孩的最爱。

家人们自始至终都没有反对小女孩养宠物，只不过都表达了对想到的宠物的不满意。只要你愿意，你可以继续想下去，想到大家都满意为止。这就是绵延的希望所在。

小女孩最终想到了什么呢？宠物店的阿姨想出了一样东西，小女孩也挺乐意的，那就是一颗蛋，不知道会是什么的蛋。因此故事的结尾又让人充满了遐想，就像童话故事《小王子》中那个装着绵羊的神奇盒子。故事结尾小女孩坐在沙发上，或许她正无拘无束地在想象世界里驰骋呢！

💡 讲述建议

讲述这个故事，要允许孩子充分想象，充分思辨。

在讲到小女孩想要养一只宠物时，可以让孩子充分表达爸爸妈妈和爷爷奶奶可能的想法。比如小女孩说到要养狮子时，我班里的许多小家伙下意识地就问："她难道不怕吗？"当小女孩说想要养绵羊时，有孩子根据前面家人的反应表示绵羊肯定会掉毛，也有的表示绵羊会把房子弄乱。尤其是说到养大灰狼时，大家都说这是食肉动物，会吃人。小女孩说到养章鱼时，有小孩子说它有毒，会把水弄在地上很脏，还会喷黑水。说到蝙蝠时，一个个说蝙蝠会吸血，拉的屎很臭，晚上不睡觉会烦人，会乱飞，等等。

到这里，顺势问听故事的孩子："那你想要养什么宠物呢？"也让听故事的孩子在故事中女孩天马行空想象的触发下，去生发自己的感受和想象。当孩子说出一只动物的时候，家长可以尝试表达自己真实的想法。

也可以让听故事的孩子给小女孩出主意，看看她养一个什么动物，会让爸爸妈妈、爷爷奶奶都同意。然后再根据前面爸爸妈妈、爷爷奶奶的想法，给予佐证或反驳，以促进孩子思维的发展。

最后，可以和小女孩一起遐想，那会是一颗什么蛋呢？

👥 活动设置

在讲完故事之后，可以问问孩子他想养一只什么宠物，然后再一一去征求家人的想法和意见，直到所有人都没有意见，再制订宠物养育计划。

16
没有人喜欢我

文 / 图：[奥地利] 罗尔·克利尚尼兹

译：宋佩

出版社：二十一世纪出版社

　　刚刚搬到小镇的巴迪，很想交到一个新朋友。当他看到一只从洞里向外张望的小老鼠时，他说："你可以和我一起玩吗？"小老鼠表示现在不行之后，巴迪觉得别人可能不喜欢自己。再遇到其他小动物，他还没有开口问，只是自己觉得对方态度不友善，就认为别人不喜欢他。终于他忍不住哭了。这时一只狐狸出现在他面前。狐狸陪着巴迪一个个去问他遇到的那些小动物，在彼此的沟通当中，巴迪和小动物越走越近，最终他们成了好朋友。

✏️ **故事解读**

　　我常常在阅读这本绘本的时候，会想到小时候的自己。内心很想跟别人交朋友，但自己的声音常常会淹没在别人热情的交流中，也常常会因为别人没有表现出热情接纳的姿态而却步。

　　在与他人的交往过程当中，我常常清楚地感觉到自己是一个相对被动的人。故事中的巴迪，在刚搬到一个陌生小镇的时候，他是主动的。当他看到洞里的小老鼠时，他主动地问："你可以和我一起玩吗？"但是小老鼠表示"现在不行"的拒绝，让巴迪退却了！个性腼腆、拘谨的我特别能够理解这种感觉，鼓起勇气去打了招呼，但是对方可能因为没注意到而没有给出回应，就会让好不容易鼓起的勇气立刻像气球一样漏光了气儿！而自己的内心也是久久不能平静，大脑开始胡思乱想。就比如巴迪的"我猜他不喜欢我"。

此时的巴迪却也没有完全放弃，他说那就再另外找个朋友吧！但是这一次他遇到三只猫的时候，就不像第一次那样直接表达了，而是躲在墙角观察三只猫的神态，他认为三只猫对他不太友善，所以他还没有主动问就猜测三只猫不喜欢自己。

当巴迪爬上小山坡遇到三只捉迷藏的小兔子时，小兔子"停下""看""耸耸鼻子"的动作直接让巴迪认为，小兔子态度不好，他们不喜欢自己。

再遇到绵羊的时候，绵羊的咩咩叫、躲到栅栏角落的行为，让巴迪很难过，这一次他更加确信他们一点也不友善，一定不会喜欢自己。巴迪说的是"一定不会喜欢我"，这是一种完全的自我否定。当一只大狗向他冲过来的时候，他已经绝望了，他说："没有用了，大家都不喜欢我。"本来还想观望，本来还有期待的心彻底绝望了，所以巴迪哭了。

每一个听这个故事的小孩子，不管性格是落落大方还是拘谨腼腆，都会对巴迪有深切的同情。

　　每一座山峰，在低谷都会有回落成峰的转折。就在巴迪绝望的时候，一只红色的狐狸出现了！他主动地和巴迪打招呼，问巴迪为什么哭。巴迪说大家都不喜欢我。狐狸想要弄明白，他们为什么不喜欢巴迪。

　　巴迪表示自己也不知道，于是，狐狸就像一个善于引导的老师一样对巴迪说："也许你应该问一问他们，我可以陪你一起去。"可以说狐狸就是故事里的一个长者，一个有智慧引导孩子成长的人。

　　他们返回去一个个去问。原来大狗担心巴迪会偷他的骨头。但是巴迪的本心就是想和他交朋友，他大声向对方解释，隔阂消融，他们成了朋友。

　　巴迪问绵羊为什么对着自己咩咩叫，然后不理自己。原来绵羊是害怕巴迪会赶自己去剪羊毛。巴迪表达了自己真实的心愿，他们彼此明白了对方的心意，成了朋友。

　　兔子又看见巴迪的时候，立刻藏了起来。这一次巴迪主动去问原因了。兔子说因为你是狗啊，狗总是喜欢追兔子。巴迪充分表达了自己想有一个好朋友的心意，于是他们也成了朋友。

三只猫以为巴迪想要打架，当巴迪说清楚自己内心的想法后，三只猫和所有的小动物一样地说："你怎么不早说？我们很乐意做你的朋友。"

原来面对面地沟通，了解彼此，是这么重要啊！那么小老鼠呢？小老鼠为什么会拒绝自己呢？小老鼠说："因为我正在忙着做蛋糕啊，你想不想尝一尝？"啊！原来小老鼠正在忙啊，他其实很热情呢！

每一个小孩子都有结交朋友的渴望，但是不同个性的孩子，在交往当中也都会遇到或多或少、或大或小的障碍。学会和别人主动沟通，主动表达自己内心真实的心意和需求，才能解除别人对自己的戒备或误解。也许，他人也像自己一样拘谨和局促，一样害羞和腼腆，那么我们就需要再一次鼓起勇气去表达自己真实的心意，这样才有可能遇到和自己一样渴望交朋友的朋友！

💡 讲述建议

阅读这本绘本，成人和孩子可以在其中共同习得、共同成长。

每一个故事都是从封面就开始了，这个故事也不例外。讲述这个故事的时候，需要从封面上的这只小狗巴迪开始，引导孩子观察和感受巴迪的神情姿态，保留心里的疑问继续往下阅读。

到了蝴蝶页的时候，可以把视角从近处拉到更远处，俯瞰巴迪所住的整个地方。然后到了书名页再拉近，看到局促的巴迪，渴望交朋友但又察言观色的警惕心。

讲述这个故事最需要注意的就是，巴迪每一次遇到小动物之后内心发生的变化。它是通过巴迪自言自语表达的语气来体现的。第一次说别人不喜欢自己的心还没有失望，还是乐观地想要去找下一个朋友。但是后来每一次说别人不喜欢自己的语气变得越来越颓丧，直到他最后彻底失去希望大哭。要把这种渐进变化的内心通过讲述的节奏体现出来。

父母或老师在讲述时，可以努力把自己沉浸在狐狸的角色中，感受他的语言，观察他的动作，体察他的神态，去把握和学习狐狸这个沉默却有智慧的教育者的担当。

活动设置

和孩子来一次"×××喜欢我，因为我们喜欢一起玩×××"的句子接龙。

在这个语言接龙游戏中，大人可以讲述自己真实的经历，由此启发导引孩子用这样的方式来表达自己真实的需求。

17
森林里的躲猫猫大王

文：[日] 末吉晓子
图：[日] 林明子
译：彭懿
出版社：贵州人民出版社

📖 内容简介

　　一个叫惠子的小女孩，跟着哥哥去公园玩。惠子想要玩躲猫猫，可哥哥总是在跟好朋友玩球。哥哥要抄近路回家了，该怎么办呢？惠子也只能跟上去，钻进了哥哥刚刚钻过的树篱笆里。可是裙子被篱笆勾住了，等到惠子站起来的时候，哥哥早就跑得没影了。此时出现在惠子眼前的是她从没见过的金色大森林。踏着铺满落叶的小路，惠子有些害怕，不得不唱起歌来给自己壮胆。可是，身后居然也有人唱起了一样的歌，是谁呢？惠子低下头从两条腿中间看过去，她发现了森林里的躲猫猫大王，这下惠子高兴了，她可以玩躲猫猫的游戏了。都有谁来参加她和躲猫猫大王的游戏呢？翻开这本书你就知道了。

✏️ 故事解读

　　没有哪一本绘本，可以比这本更能让人领略秋天那绚烂的金色了。也没有哪一本绘本，可以把秋天的景色和小孩子的心灵生活，融合得如此天衣无缝。只要是上过我的课程的孩子们，到了秋天都会想起惠子这个小姑娘，都会想起金色大森林里的躲猫猫大王，也会想起书中沙沙沙的落叶雨。

我有一个妹妹，小时候她也是常常跟着我，可我的眼睛好像总是看不到她，只想和我的朋友们一起玩。惠子的妈妈一定也会像我妈妈那样要求惠子的哥哥，在外面玩的时候，要带着妹妹，要照顾妹妹。可是妹妹呢，不仅仅是要带在身边，不仅仅是要照顾的，她还想要跟哥哥一起玩。

打开书名页，我们就可以看见惠子一个人坐在公园的长椅上百无聊赖地看着落叶。虽然画面中没有哥哥，但我们可以想见，哥哥一定是和好朋友玩球玩得热火朝天，而且一直玩到了要回家的时候。哥哥呢，认为自己已然完成了妈妈交给自己的任务了，他喊妹妹一起回家。可是惠子觉得好无聊，她还没有玩躲猫猫的游戏呢。

哥哥要抄近路回家了，惠子不得不追了上去。毕竟她一个人也不敢独自回家啊！可是哥哥钻的篱笆勾住了自己的裙子，等到钻过树篱笆的时候，哥哥却不见了。惠子当然是有点害怕的。广袤的森林就在眼前，仿佛深不见底似的。可是惠子并不是怯懦的孩子。她唱起歌来，给自己壮胆。而且她还判断，那条铺满落叶的小路，一定就是哥哥走的路。这是个善于观察和思考的理性姑娘。

应该是森林里的回声吧！惠子唱的歌，居然有人轻轻地跟着唱了。惠子好奇但不害怕，内心的那种渴望，伴随着想象就这样涌现了出来。什么渴望？当然是躲

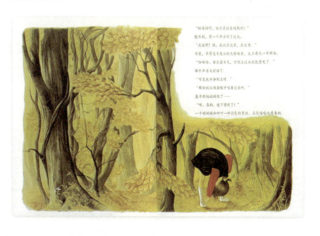

猫猫的渴望啊！这个森林，不正适合玩躲猫猫游戏吗?！于是，森林里好玩的躲猫猫大王就出现了。他一出现，森林里的熊啊，狐狸啊，猫头鹰

啊等动物都出来了，大家都来玩躲猫猫的游戏了！在小女孩惠子的脑海里，一场躲猫猫的游戏，就在森林里上演了。小动物们去躲，她来找。她一下子就找到了大熊，接着她坐在大熊的身上，去找其他的动物。我仿佛看见了惠子一会儿在这里找，一会儿到那里找的样子，有时候甚至还爬到矮矮的枝丫上去寻找。

轮到大熊来找了，惠子和大家一起去躲了。惠子躲进了一片浓密的树丛。你能想象惠子一定是一个人躲在了某个树丛深处，就像真的怕被发现的那种小心谨慎。也许你会猜惠子是害怕森林里的各种动物，所以才躲在这里，但其实惠子只是在躲猫猫。

有人唱着"爱哭又胆小的惠子"的歌，除了哥哥还能有谁？是哥哥

走回来找她了。奇怪的是森林不见了，眼前是一片小区，惠子到家了。街道旁，有一棵惠子在森林里看见的那种金色叶子的大树，惠子不由得再次想象起来。

故事的结尾别有深意。现实中的小区，原先就是一片大森林。惠子说她一定还会和躲猫猫大王相遇的，这暗喻了人类还是要和自然和谐地相处。

💡 **讲述建议**

在讲述这本绘本之前，和孩子找一个秋天的金色角落，沉浸其中充分感受和体验。

每一个小孩子都会喜欢这本绘本。可能是惠子的心灵世界应和着他们的心灵世界：一是和姐姐或哥哥玩耍时同样的心境，二是都无比喜欢玩躲猫猫游戏，三是也享有在想象中和躲猫猫大王遭遇的神奇经历。

开始讲述时，大人可以尝试沉浸在封面的美丽秋色里，以此来感染孩子，让孩子也体会到秋天的美。讲到环衬的时候，可以向孩子提问："咦，这里怎么是一片黄色呢？"让孩子来感受和思考。

讲到书名页的时候，可以和孩子一起来感受小女孩惠子的心情和状态，在这里提问："她为什么会这样呢？"以引发孩子继续往下阅读的好奇心。

故事一开始就交代了惠子为什么会是书名页图中那样的神情状态，而到了故事第一页，惠子也是一副不得不跟哥哥回家的神态。这些都为后面惠子想象的天马行空制造了足够的张力。

到了惠子遇见躲猫猫大王、开始玩躲猫猫游戏时，我们和孩子也自然而然地进入了惠子的想象世界。可以向孩子提问"还有哪个动物没有找呢"，以拓展孩子的思维。在前几次讲述故事时，故事结尾哥哥的那些话都不需要急着去讲述，让孩子充分沉浸在惠子想象的躲猫猫游戏当中就好。

如果是四五岁的孩子，故事可以到哥哥唱着歌来找到惠子，然后回了家为止。如果孩子已经六七岁了，我们可以完整讲述整个故事，以引发孩子思考，不急着给予孩子确定的答案。故事里蕴藏着的一些核心价值，需要孩子在更漫长的岁月里去慢慢领悟。

活动设置

来一次躲猫猫游戏！

把家里的各种小动物玩偶都拿出来，负责找的人要像惠子或者大熊一样必须事先把眼睛蒙好，不许偷看。另一个人把所有的玩偶都藏起来，自己也藏起来，然后负责找的人就可以开始找了。全部找到后，交换角色。

18
好忙的飞儿之小叶子请别走

文：[英] 茱莉娅·罗林森
图：[英] 蒂凡尼·比克
译：马达琮琮
出版社：海豚出版社

📖 内容简介

　　小狐狸飞儿注意到，世界在变。每次当他跳出洞口时，一切都有一点不一样了。原来翠绿的森林渐渐变成了暗金色。尤其是飞儿最心爱的那一棵树，变得又干又黄。飞儿好担心啊！他觉得那棵树生病了，可妈妈说，别担心，秋天就是这样的。

　　小狐狸飞儿用妈妈的话去安慰大树，但是大树并没有好起来，而是越来越枯黄。甚至有一天，有一片小树叶竟然被风吹落了下来。小狐狸飞儿想要把树叶还给大树，可是更多的小树叶一片片飞走了，难过的飞儿带着最后一片小树叶回了家。冷飕飕的清晨，小狐狸飞儿看到了一番神奇的景象……

✏️ 故事解读

　　不知道为什么，读了"小狐狸飞儿"，我心里的某根弦仿佛被拨动了。那种笔触的稚拙，那种神情的纯真，仿佛就这样和自己心里某种对生命的感觉应和了起来。翻开这本书的时候，也并没有失望，小狐狸飞儿对周遭世界细腻敏锐的感受，如同和唱着我内心世界的一首诗。故事中说——

飞儿注意到，世界在变。每次早晨跳出洞口时，他都会发现，一切又有一点儿不一样了。原来翠绿的森林渐渐变成了暗金色。树叶在夏天发出的瑟瑟声，轻轻的，柔柔的，而现在，却沙沙啦啦地响着，好像在说着什么悄悄话。

　　就是这种对世界细微的观察和感受，让我每一次读到它都浮想联翩。我想起夏天的傍晚，躺在蔬果架旁的桌子上，看着西天的云彩流金溢彩，时刻发生着细微的变化；我想起田野间的小路上，那些茅草在深秋时的色彩层次……嗯！我自己的心里就住着一个小狐狸飞儿，当我做了妈妈，做了更多小孩子的老师后，我多么希望自己能遇见很多个小狐狸飞儿，他们能敏锐地觉察到周遭世界的细小变化，也有这样一棵心爱的小树或小草，也有这样的一股柔软对待万物生命。

　　小狐狸飞儿发现自己心爱的大树有了变化，他每天都来探望它，担心它是不是生病了。飞儿妈妈说秋天就是这样的，他又拿这句话去安慰大树，让大树别担心，会很快好起来的。可是事情并没有好转，风刮起来的时候，有那么一片小小的叶子被吹了下来。他把小叶子插到一根细枝上，使劲地按了按，还很严厉地要求小叶子不要乱飞。

多么天真、可爱又充满善意柔情的行为啊！秋天，每一次小孩子听完这个故事，都会仰起头去看在风中摇摆的树叶。当一片片树叶被风吹落，在空中飞舞的时候，每一个小孩子，都会将双手伸向高处，试图接住它们。他们围着树干，使劲儿按了又按，试图让躺在手心里的树叶回到树干，就像小狐狸飞儿做的那样。或许他们只是动作上的模仿，但我的心禁不住柔软了一次又一次。也许某种隐形的种子就在小孩子的心头种下了。

大风席卷森林，小叶子们漫天飞舞。小狐狸飞儿惊慌失措，他说："别担心，大树，我一定抓它们回来，我发誓。"秋的萧瑟，秋的凄凄，一下子就淋漓尽致地展现出来了。这样的小狐狸飞儿，在我认识的那么多小孩子当中可没有。我常常想，这样的小狐狸飞儿，让小孩子们看到了另一种不同的生命姿态！这是一种不同，一种类比，在这样的比较当中，孩子开始在意识层面看见自己。唯有在不同和类比中人才会审慎。更多的小孩子与小狐狸飞儿遇到的小刺猬和小松鼠一样，叶子对他们来说，就是取暖、做窝的材料。就像小孩子看到打着旋儿纷飞的叶子时，一个个兴奋得跳啊、笑啊。他们把树叶一片一片捡拾起来，说："老师，我们下个落叶雨吧！"秋天在他们眼里就是欢快无比的。

小狐狸飞儿是个感性的孩子，当现实无法阻挡地发生时，他转而就进入了想象的世界。在小孩子那里，在小狐狸飞儿那里，想象和现实是可以无缝衔接的。躺在大树脚下的小狐狸飞儿，看到无数好心的鸟儿从空中俯冲下来，他们帮助小狐狸飞儿把所有的叶子送回了大树，这是飞儿的奇妙的白日梦时光。当他醒来的时候，所有的小叶子都不见了，只剩下枝头最小的一片。可即使他紧紧按住，即使他一直陪着，这片小叶子也还是掉了。小狐狸飞儿居然还听到了那细小的"嘎巴"声。我们和世间万物相伴相存在这个世界上，我看到了即使是一个小孩子，也有天人合一的生命体验。

飞儿带小叶子回自己的小窝，给它精心准备了一张小床，为它盖好被子。这样的善意，这样的柔软，可以把所有聆听这个故事的小孩子的内心都变得软软的、柔柔的。每一次故事讲到这里，教室里都是轻轻的、静静的。

当我们的心灵足够敏感时，世界就向我们敞开了一扇大门，让我们看见万物神奇的景象。小狐狸飞儿就有这样的

经历。当他再次来到自己心爱的大树前时，大树在晨光中晶莹剔透，美极了。柔软纯善的小狐狸飞儿还惦记着松鼠和刺猬拿走的小叶子，他询问大树："让松鼠和刺猬用用你的小叶子，好吗？"这种"克己"，这种"物权意识"，足以看出敏感的飞儿那理性的一面。世间万物皆有界。

💡 **讲述建议**

阅读绘本故事不仅仅要把握故事内容所体现的外在世界，更需要体

验故事人物，比如小狐狸飞儿的精神内核，由此塑造自己的心灵世界。

阅读的时候，我们需要树立目标意识——我想要知道什么，我想要感受什么，我想要领会什么。和小孩子共读绘本故事也不例外。很多大人和孩子共读这个绘本故事的时候，首先想到的就是告知孩子关于四季的特点。比如春天草儿萌芽、花儿开放，夏天玩水吃冰，秋天的落叶枯草，冬天的冰雪寒冻。我们习惯于把握和习得事物外在的特点，却常常忽略了感受和领会事物的内在。因此在和孩子共读这个绘本故事的时候，除了让孩子了解秋天的特点，我们还需要通过讲述的语气和节奏，充分表达小狐狸飞儿对万物的敏锐观察和细腻柔肠，让孩子有机会去体认和感受，从而影响孩子的心灵世界。

但是，这种影响并不是说教，而是大人经由阅读解读，充分理解和感受绘本，并把这份理解和感受融入自己讲述的语气和节奏中，用它们来包围孩子，影响孩子，促使孩子在其中有所体验。

活动设置

秋天，和孩子去看风中打着旋儿的小树叶，去接一接飞舞落下的小树叶。问问孩子，你打算用落叶来干什么，并按着孩子的想法去做一做。

几个树叶游戏参考：

1. 集聚许多小树叶在手心里，和孩子下一场落叶雨。

2. 和孩子一起整理落叶，挑出漂亮完整的叶子，用丙烯颜料在叶子上画上美丽的花纹，然后用绳子把叶子根部连接起来，制作成印第安人的树叶头饰。

19
阿秋和阿狐

文/图：[日] 林明子
译：彭懿
出版社：南海出版公司

📖 内容简介

　　阿狐是奶奶亲手做的玩具布偶，奶奶派它来陪伴阿秋。阿秋还没有出生，它就一直等着了。它像一个小哥哥一样照顾阿秋、陪伴阿秋，直到有一天它的胳膊开线了。它就带着阿秋坐火车去沙丘镇请奶奶缝一缝。阿狐一路上照顾着阿秋，在火车上找位子，在火车靠站时买盒饭，就连自己的尾巴被火车门夹扁了都毫不在意。只是他们在去沙丘上踩脚印的时候，阿狐被大狗叼走埋在了沙子里，什么也不知道了！阿秋该怎么办呢？她只有勇敢地去找到阿狐，照顾阿狐了……

✏️ 故事解读

　　小女孩阿秋的成长故事，和无数个经典故事一样，总有成长蜕变的转折关键点。主人公的成长历程往往也因为这个转折关键点分成了前后两段。

　　前半段，就是从阿秋出生到第一次独立出门。在这个阶段，阿狐象征着爸爸妈妈、爷爷奶奶无条件的陪伴、呵护和爱。你看阿狐，一直坐在这里，坐腻了，想回沙丘镇了。那是在说什么呢？是说大人们也想做自己，也想过无忧无虑的生活。可是一听到宝宝的声音，看到宝宝可爱的样子，我们大人的心就怦怦直跳，想把自己全部的爱给宝宝。

阿秋成长的过程，在阿狐或者在爷爷奶奶、爸爸妈妈眼里，就是一晃而过的。时光怎么那么快就流过，孩子怎么那么快就长大了。这个过程就浓缩在整个故事的一张小小的页面中。

无条件的爱，是这样的：口水总是把阿狐的手弄得湿湿的，宝宝总是在阿狐的身上爬过来、爬过去，阿狐总是被拎着尾巴走来走去……但不管如何，阿狐还是喜欢和阿秋玩。即使是胳膊开线了，它也"没事、没事"地满不在乎。哪个妈妈又不是这样的呢？即使这样大的我，每逢回家，妈妈仍恨不得把所有的好东西都塞给我，不给自己留下一点点。

成长的转折关键事件总是要发生的。就像阿狐的胳膊开线了，就是一个转折关键事件。因为胳膊开线，所以他们踏上了一个未知之旅。坐

火车回沙丘镇，是小女孩和布偶阿狐第一次独立出门。阿秋离开了自己熟悉的环境，但是阿狐的陪伴给了阿秋独立的勇气。是的，阿秋开始了成长蜕变之旅！

只不过，阿狐的陪伴总是在的。比如找座位可以问阿狐，买盒饭可以问阿狐。阿秋中途买盒饭找不到阿狐，是第一个预兆，预示着她要开始真正的独立自主了。而第二个预兆，是阿狐在阿秋面前被一只小狗叼走了，最终消失在沙丘的远处。阿狐的陪伴，就在这一刻全然消失了，阿秋该怎么办呢？

从第一次独立出门坐火车去奶奶家，让奶奶来缝补阿狐开始，一直到现在，阿狐的呵护，都在一点点弱化、弱化、再弱化，终于来到临界点了。虽然心里有一丝胆怯，但是阿秋必须独自上路，去追大狗，去救阿狐。被找到的阿狐失去了力量，它完全帮不上阿秋的忙了，更谈不上呵护阿秋了。成长就在这样一个困境当中发生了，阿秋不得不长大了，

不得不自己思考做决定了，不得不来保护和救治阿狐了。比如如何找到
奶奶的家，请奶奶救阿狐。

最后奶奶给阿狐洗澡和缝补的故事环节，是一个非常奇妙的环节。
因为这个过程让阿秋看到了阿狐是个玩具布偶的内在本质，她在这个过
程中确认了这一切都源自自我的力量，那是一种重新活过却又无法言说
的生命蜕变。在阿秋的眼中，那个曾经和自己玩耍、和自己说话的阿狐，
经过洗澡和修补，终于变成了它自己，一个完全独立于她的客体。

更为奇妙的是，蜕变成长的阿秋，仿佛就是那个坚毅、勇敢、有力
量的阿狐。而阿狐呢，则变成了那个调皮、可爱的小时候的阿秋。此时，
阿秋看阿狐的目光，不再是原先那种总是企求帮助的目光，而是仿佛看
着小时候的自己越跳越远了。

💡 **讲述建议**

结合阿秋成长的故事，讲讲自己孩子出生、成长的故事。

这是一个小女孩的成长故事，一个小女孩被呵护、被陪伴着成长的
故事。这个故事可以通过孩子阿秋、布偶阿狐以及作者的视角进行讲述。

封面上，布偶阿狐目光温柔地看着小姑娘阿秋，左手摸着右胳膊上的白色绑带，仿佛在说着什么，表情不是苦恼，不是难过，而是连同整个身姿都仿佛在告诉阿秋这点伤没关系。阿秋呢，嘴角上扬，仿佛在应着"嗯嗯"。这是谁在讲述故事呢？我们可以从阿秋的视角讲述自己和布偶历险的故事。布偶有了灵性，整本书也可以从布偶的角度讲述自己和小女孩阿秋历险的故事。仔细感受画面的整体架构，我们也可以从作者的视角，看着小时候的自己，来讲述一个孩子阿秋和布偶阿狐的历险故事。

再看环衬页，阿狐的每一个动作和姿态都不一样。如果是小女孩阿秋在讲述故事，那就是阿秋眼中和阿狐丰富多彩的成长生活；如果是布偶阿狐在讲述故事，那就可以是阿狐来讲述自己在干什么；如果是作者在讲述故事，那就可以说说自己小时候的这个布偶阿狐可以玩出多少花样……

书名页是布偶阿狐的裁剪图。奶奶在亲手裁剪制作，上面的一针一线，都饱含着奶奶对阿秋的爱。所以阿狐才说，它是奶奶派来陪伴阿秋的呢！这可以是阿狐讲述自己怎么被做成、怎么被奶奶派来陪伴阿秋的故事；这可以是小孩子阿秋讲述自己的布偶是怎么做的、谁做的故事；这也可以是作者以旁观的角度讲述布偶和孩子的故事。

封面、环衬和书名页，体现了想象和现实在孩子的生活中完美连接的状态，也让我们体会到以三个不同视角讲述故事的可能。

在和孩子共读这个绘本故事前，先想一想孩子是否也有这样一个陪伴他成长的事物，不管是布偶积木，还是枕巾、小毯子，不管是小狗小猫，还是诗歌故事，去感受孩子在成长的过程中，依恋的除了人之外的事物。往往这个事物的陪伴有着非比寻常的意义和价值。因为和人的陪伴不同，小主人会赋予它们情感和灵性，但是又因它们无法表达而完全听从于小主人内心的情感，所以它们的陪伴往往更具稳定性。更重要的是，它们来去的决定权在小主人手里。这往往可以给予孩子主宰自己成长的力量感，也给予孩子"成长慢慢来"的机会。当我们了解这些后，再和孩子共读这个绘本故事时，内心的情绪就会更加饱满、清晰。

当我们和孩子在感受摇篮里空空到摇篮里有了可爱宝宝的时候，可以和孩子讲一讲他出生时的故事，讲一讲他出生的时候，自己看到他第一眼时心儿的怦怦直跳。

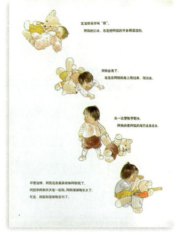

在我们感受故事中阿秋成长四幅图的过程时，可以仔细观察阿秋和阿狐玩耍的细节，和孩子讲述他玩游戏的一些细节。往往在这样的讲述中，孩子能够感受到来自父母绵绵不断的爱和呵护。有时候，大人给予孩子的爱，孩子不是通过大人的语言感受的，而更多的是从我们细微的行动中去体味的。

在讲述故事的过程中，可以问一问孩子，哪里是阿狐在保护阿秋，哪里是阿秋在保护阿狐，由此感受小女孩阿秋的成长。这也暗示了每一个孩子都需要经历这样成长的过程。

🗫 活动设置

　　感受过这个故事之后，和孩子一起欣赏电影《绒布小兔子》。主人公小男孩和小女孩阿秋一样都拥有一个玩具小布偶，只不过小女孩拥有的是小狐狸阿狐，而小男孩的是绒布小兔子。这部电影更具体形象地叙说了一个小男孩经由与绒布小兔子的想象故事，最终回到现实获得成长的历程。

20
我的神奇马桶

文/图：[日] 铃木典丈

译：彭懿

出版社：贵州人民出版社

📖 内容简介

　　脱掉短裤，分开两腿，坐到马桶上，使劲儿……可是等一下，天天都坐同一个马桶，就不能偶尔换个不一样的马桶吗？比方说软绵绵的马桶，比方说高高的马桶，比方说骨碌骨碌转的轮盘马桶……富有挑战性的马桶，无奇不有的马桶，真是太好玩了。如何给朋友选择合适的马桶呢？比如喜欢读书的阿雪，喜欢棒球的浩二，钓鱼高手阿夏……我要好好想想。那我的秘密马桶呢？告诉你，是过山车马桶。不好，我的过山车马桶不见了，它去哪里了呢？你可以来帮我找一找吗？

✏️ 故事解读

　　我的教室里有一本《我的神奇马桶》，那是一个小女孩带来的。每天都有人问："我可以借你的这本书看看吗？"有时候，几个小脑袋都聚集在图书架子前的地毯上，一边看，一边还咯咯咯地笑！这本书真是太有趣了！

　　我们的生活离不开马桶。每一次坐在马桶上，我都会盯着对面墙壁上的瓷砖。恍惚间，瓷砖上或深或浅、或蜿蜒或笔直的线仿佛流动起来，一会儿是翻滚的海浪，一会儿又变成扬帆起航的海盗，一会儿是绵延的山脉，一会儿又是闲庭信步的行人……人们喜欢坐在马桶上浮想联翩。

当孩子们看到自己隐藏的经历就这样被充分表现了出来，他们能不高兴吗？当自己的内心对于万物的细腻感受，以为别人毫不在意的无厘头感受，能够这样被细致地展示，每个人都会有一种被看见的感觉。

一看这本绘本封面上那个小男孩的眼神，就知道这本书充满了美妙神奇的遐想。看到小男孩这样的目光，你会禁不住吸引去翻看这本书，就像走进一个人的内心世界。天啊，环衬页那么多稀奇古怪的马桶，这就足够吸引孩子们一个一个看过去的了。

脱掉短裤，分开两腿，坐到马桶上，使劲儿……这一连串的动作，孩子们再熟悉不过了。我记得儿子从婴儿便桶过渡到大马桶的时候，就是这样一系列清晰分明的动作，屁股就是要挪来挪去才能对准马桶的洞洞。

坐上去，魔法就出现了，遐想的世界就会自动出现了。

马桶硬硬的，那么软软的肯定就更舒服。嗯，要是坐不好，就会一屁股滚下来。有时候小孩子背靠着马桶想要蹭上去，也会有滑下来的可能。

要是有一个高高的马桶，也挺好玩的，就可以爬了。想象起来是很好玩的。可是，爬上去够辛苦的。要是爬得不快，就要憋不住了。有一次，我3岁的儿子在从阳台奔向厕所的过程中，没憋住，就在客厅尿了，自己从容地拿来海绵拖把，笨拙地吸了个干净。孩子都有这样的经验。

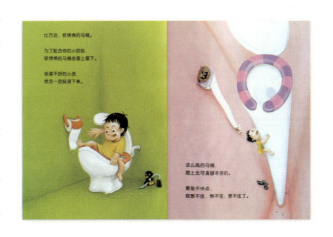

要是有一个骨碌骨碌转的轮盘马桶，那么要对准洞眼，可能有点麻烦。对准马

桶的洞眼，应该是每一个上厕所的小孩子，都会关注的事情。毕竟妈妈总是这样唠叨呢！

要是有许多马桶，猜一猜哪个才能用，也很好玩呢！不过可要猜快点，不然也是要憋不住的。想象一发不可收，各种各样的马桶都出现了：滑梯马桶，蹦床马桶，星星马桶……

哎！每个人的喜好都不同啊！比如好朋友阿雪喜欢读书，那就要个图书馆马桶吧；飞毛腿阿健，得来个 50 米跑马桶吧；喜欢棒球的浩二，得要一个捕手马桶吧……给每一个好朋友，都选一个马桶。真好玩啊！

什么样的马桶适合我呢？嗯，我喜欢过山车，我要一个过山车马桶。小家伙的想象就这样进入了一个更加神奇的世界。我的过山车马桶不见

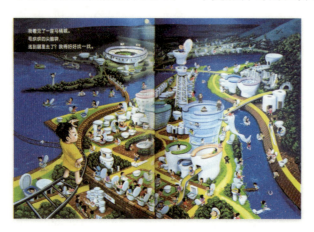

了，被一个毛烘烘的尖脑袋盗走了，赶紧进去追啊！

于是，读者就跟着小男孩来到了马桶城，寻找毛烘烘的尖脑袋。这可是小孩子最喜欢的捉迷藏游戏！追到马桶码头，找一找；追到马桶赛车场，找一找；追到马桶森林，找一找……所有看这本书的眼睛都来帮忙啊！

毛烘烘的尖脑袋，盗走过山车马桶，就是因为他太想坐了！这样的心情，小孩子当然非常理解。所以大家一起来坐啊！就像妈妈吩咐的那样：脱下短裤，分开两腿，出发！啊！不行，不行，所有的人都是一个人去上厕所的。是的，不管是爸爸妈妈，还是好朋友和老师，都是这样的。

是的，大家都是要坐马桶的，这件事真让人开心！哈哈，太好玩了，想象的时间长，上厕所的时间就长，外面的爸爸和哥哥早就等不及了！

这真是一次神奇、有趣的马桶之旅！

💡 讲述建议

阅读时跟着故事的节奏，想象各种各样的马桶，给自己的朋友匹配适合的马桶，帮助小男孩寻找他的过山车马桶，最后给自己设计一款喜欢的马桶。

可以说这本《我的神奇马桶》一旦让孩子阅读，就会让孩子无法割舍，不读个三遍以上是不会罢休的。所以大人带着孩子讲述这本绘本时，根本不需要任何讲述技巧，绘本本身就足够吸引孩子的了。孩子会在看到各种各样马桶的时候，禁不住浮想联翩，什么洗衣机马桶，什么会讲故事的马桶，什么台灯马桶……无穷无尽的想象，会让我们这些大人无比惊异。此外，故事当中说到什么朋友喜欢什么样的马桶。那么，让自己和孩子也来说一说对朋友的了解吧，说一说什么样的马桶会适合他们。接着故事当中小男孩的过山车马桶失踪案，会自然而然地吸引孩子一起去寻找、去追踪，直到找到马桶。

这本故事特别适合孩子独立自主地阅读。大人可以在家庭里辟出一块专门给孩子阅读的空间，足够安静、柔软的空间，让孩子在那里独立阅读自己喜欢的书籍。

👥 活动设置

给孩子提供若干纸和笔，让孩子来给自己设计一款适合自己的马桶。

21
逃家小兔

文：[美]玛格丽特·怀兹·布朗
图：[美]克雷门·赫德
译：黄迺毓
出版社：少年儿童出版社

📖 内容简介

　　有一只小兔子一直很想离家出走，于是有一天，他就对妈妈这么说
了。妈妈说："如果你跑走了，我就去追你，因为你是我的小宝贝啊！"
小兔子听到妈妈要来追，就说自己要变成溪里的小鳟鱼，游得远远的。
妈妈说自己会变成捕鱼的人去抓住小兔子。小兔子听了就说要变成高山
上的大石头，让妈妈抓不到自己。妈妈说自己要变成爬山的人，爬到高
山上去找小兔子……就这样，小兔子不管是变成什么，兔妈妈都会变成
对应的事物，追随着小兔子。一直到最后，小兔子说要变成小男孩跑回
家。家，正好就是妈妈在的地方啊！妈妈说要张开手臂好好地抱住小兔
子。小兔子不得不说："我不如就待在这里当你的小宝贝吧！"于是，妈
妈便喂了他一根象征母爱的胡萝卜。

✎ 故事解读

　　每一次读《逃家小兔》，我都能想起七八岁的我，也做了一次逃家
小兔。我至今仍然记得走在曲折田埂上的心情，心情映衬在脸上的神情，
脚下走着，脚步却是越来越踟蹰；眼睛朝前看着，却不时侧头瞥向家的
方向。而最终的最终，还没有走上看不到家的路，就听到背后母亲的脚

步声，她嗔怪地拉起我的手，就往家的方向走。身体虽然看似往后顿迟着，彰显着已经毫无力量的倔强，但轻而易举就被拉着朝前的脚步，泄露了自己内心满足的声音。

作者玛格丽特·怀兹·布朗虽然出身显赫，但在她的童年时期，父母关系并不好，且都远在印度工作，而玛格丽特则独自在瑞士上寄宿学校。小时候的玛格丽特顽皮、胆大，而且特别会编撰故事、讲述故事。童年的独处时光，让她认为自己很幸运，成年后仍保有孩童精神。这也是促使她之后对孩子，尤其是幼儿的心理、情绪和兴趣有深刻认识的原因。我们甚至可以想象，她用游戏和故事，疗愈了自己童年的缺失。或许《逃家小兔》并不是她童年生活的表征，而是她对父母无条件之爱的渴望在故事中得到了满足。

我们充分感受故事，就会发现故事当中的兔妈妈，是一个有能力给予孩子安全感的妈妈，同时也是一个不忽略自己生命真实感受的妈妈。

你看最先打开话题的是孩子："妈妈，我要跑走啦。"或许妈妈当时正在忙，随意应声："如果你跑走了，我就去追你，因为你是我的小宝贝呀！"表达爱，对于这位妈妈来说是一件日常的事情。

可是话锋一变，孩子是个调皮的孩子，更是个会玩游戏的孩子。他说："如果你来追我，我就要变成溪里的小鳟鱼，游得远远的。"你能够感觉到这其中孩子想要牵引妈妈注意力的企图吗？他想要妈妈的注意力

从手中的事情上，彻底转移到自己身上来。妈妈的情绪反应很真实："如果你变成溪里的小鳟鱼，我就变成捕鱼的人去抓你。"一个"抓"字微妙地映衬出了妈妈细微的情绪变化。好的文学作品往往是这样，能够捕捉到生命更为精微的情绪动荡，表达人类内在的心灵实相。

这个有着无数游戏点子的孩子，在接到妈妈的回应之后，新的主意又产生了。他要变成高山上的大石头，让妈妈抓不到他。从这里你可以看出这个孩子内心的力量。当然也可以说这种强韧的内心力量来自日常中不错的亲子关系，这是一种关系模式的映照。自己永远会在妈妈的目光里，妈妈是个"只要孩子回头，就能看到妈妈永远在身后的"妈妈，是个能够给予自己积极回应的妈妈，而且是充满智慧回应的妈妈。她说："如果你变成高山上的大石头，我就变成爬山的人，爬到高山上去找你。"从"抓"到"找"是一个转折，说明此时的妈妈，已经感受到了孩子内心的渴望，因此更加积极地表达自己对孩子无条件的爱。我的孩子，不管他是有点调皮，还是爱玩游戏，不管他是有点任性，还是很乖顺，我只想要表达我喜欢他存在的生命本身，因为他是我的孩子。

妈妈懂得了在语言的游戏中，孩子在试图吸引自己的注意力，在呼唤自己的爱。妈妈是不是放下了手头上的事情，我们不得而知，但可以感觉到妈妈心的聚焦，聚焦于感受孩子内心的那份渴望，聚焦于和孩子的对话。哪怕手中的活儿没有放下。

妈妈在强调，如果你变成小花，我就变成园丁，我还是会找到你。她在告诉孩子，你放心，不管你到哪里，我的爱，都会包围你，我还是会找到你，你到哪里都是安全的。如果你还不放心，如果你变成小鸟飞得远远的，那我就变成树，好让你飞回家。这是一个百分之百的爱的确认，你逃不掉的，我就是你的家，小鸟就是会飞回大树的！因为在孩子眼里，世界的秩序是不会变的。小鸟的家在大树上，这样的自然法则是不会变的，这样的爱是多么地确定。

　　从"抓到你"，到"能找到你"，到"还是会找到你"，到"好让你飞回家"，是一个旅程，不断确认的旅程。我们可以感觉到妈妈心绪的变化，感觉到孩子心理的变化，感觉到妈妈给予孩子爱的确认。

　　如果你变成小帆船，我就变成风，把你吹到我要你去的地方。这个爱，不是你要的，是我要的；是我自主要的，是我内在要的，不是因为你，而是因为我自己的需要。作为妈妈自己内在的需要，是妈妈对孩子爱的关键。

　　妈妈本身的主观能动性，对于孩子来说就是一种生命的模板。那是一种"我也可以"的自主能量。所以孩子才可以这样无拘无束地和妈妈把游戏持续玩下去。每一次回应，就像水波推浪，一浪接着一浪，帮助孩子把想象游戏继续进行下去，促使了孩子创造性的绵延迸发。

　　我们都认为孩子游戏的心理特征是，处在意识和下意识之间，是想象和现实边界模糊的状态。最终，游戏又从想象回到了现实生活，小兔子想要变成跑回家的小男孩。一切都刚刚好，如果你变成小男孩跑回家，我正好就是你妈妈啊，我会张开手臂好好地

抱住你。

抱抱就像一个温暖的子宫，把孩子包裹，把孩子呵护，正好就是孩子心灵深处自己可能也无法觉察到的渴望。

此时此刻，来根胡萝卜吧。你可以想象，妈妈可能就是正在灶台边做着家务的妈妈，一边做着事情，一边全心全意地回应着孩子。来根胡萝卜吧，是一种弥漫于日常中的温暖和爱，是饱满的，是身心一体的。对于孩子来说，最初体验到爱是从食物开始的。口腹的满足，往往带来的是内心需求的满足感。

💡 讲述建议

在阅读这本绘本的时候，不提问，只体验。在阅读的体验中获得爱的确认。

每一个小孩子都有像小兔子一样逃离妈妈呵护的渴望，每一个小孩子也都会像小兔子一样在逃离中确认妈妈的无条件之爱。这是小孩子在成长过程中产生的矛盾心理，一方面渴求独立，一方面又渴望饱满的爱。因此，在讲述这个故事的时候，爸爸妈妈要深深地理解孩子是为了获得爱的确认，那么就不要让故事因为提问而停下来，故事不停下来，那么这个爱之确认的过程就不会停下来。孩子会在父母讲述的过程中，如同小兔子一样获得深深的满足，仿佛自己也获得了爱的确认。

请自然而然地把自己代入小兔子妈妈的角色，让孩子自居在逃家小兔的角色中，按照绘本故事开启一段爱的确认旅程，也是想象游戏之旅。你们还可以想出更多的游戏创意，比如小兔子还会变成什么，而你要像故事中的大兔子一样智慧地回应，让游戏继续下去。

和孩子来玩小兔子和大兔子的手指游戏。

我的手指变变变，变棵大树住小鸟。（大兔子的手指变成一棵大树，小兔子的手指变成小鸟停在大树上）

我的手指变变变，变条小河住小鱼。（大兔子的手指平铺开成一条小河，小兔子的手指变成小鱼在小河里游）

我的手指变变变，变成泥土住种子。（大兔子的手心朝下，手指变成泥土大地，小兔子的手指握紧，变成小种子藏在泥土里）

我的手指变变变，变成大兔子；（大兔子的手指变成两只长耳朵在头顶）

抱住我的小兔子；（大兔子一把抱住小兔子）

一起造个大房子；（两个人双手对握，成一个小房子）

住在里面来游戏。（两个人转圈做游戏，可以是任何亲子游戏，就这样继续玩下去）

22

三个强盗

文/图：[法]汤米·温格尔
译：张剑鸣
出版社：少年儿童出版社

📖 内容简介

　　从前有三个很凶的强盗，他们总是穿着宽宽的黑斗篷，戴着高高的黑帽子，出门都是躲躲闪闪的。他们总是天黑去找倒霉的人，然后把抢来的金银财宝藏在高高的山洞里。但是他们从来没有想过去用自己抢来的宝贝。直到他们抢劫了一个孤儿芬妮，她扭转了强盗以往的生活方式。他们给芬妮柔软的床，给不快乐的小孩和没人要的小孩美丽的城堡……后来一个又一个孩子长大了，他们在城堡周围盖起了自己的房子，房子越来越多，成了一个小村子。当你走到这个小村子的时候，你会看到三座顶着高高"帽子"的塔，就仿佛那三个善良柔软的强盗。

✏️ 故事解读

　　我常常觉得这是个在说"人之完整"的故事。所谓完整，是说人的内心世界，不只是有善的一面，也有恶的一面。并且在这善恶之间，并没有清晰的界限，常常在不知不觉中就有了奇妙转换。在童话故事中，总是有坏女巫和好女巫。比如在《绿野仙踪》里，东方女巫和西方女巫是恶女巫，南方女巫和北方女巫就是好女巫，而她们其实是一个人的一身两面。比如在《灰姑娘》等故事中有善良的生母和邪恶的继母，事实上她们也都是母亲内心世界善恶的不同面而已。

作为小孩子，他们常常可以体验到内心世界里那个涌动着的、说不清楚的负面部分，他们感觉到兴奋、刺激，但更多的是害怕。所以当小孩子看到封面上的那个三个强盗时，就仿佛看见了内心的那一部分自己，立刻变得又紧张又兴奋，害怕当中裹挟着刺激和好奇。黑色的帽子、黑色的斗篷，帽檐拉得那么低，露出的三双眼睛，躲躲闪闪、鬼鬼祟祟——这说明黑暗角落里的负面自我，只敢待在阴暗角落里，在光亮的善的世界里行走，会不由自主地害怕和躲闪。所以对于小孩子而言，评价好坏对错常常是以身边大人的标准为标准的。"大人不认可的事情"往往就是错的、不好的，所以你看，小孩子要是想做"大人不认可的事情"时总是鬼头鬼脑、藏藏掖掖的，就和这三个强盗一样。而那把显眼的红色的斧头，代表了孩子内心想要去破坏一切的潜在念头。

当小孩子读到三个强盗出门总是躲躲闪闪的时候，他们常常心有戚戚。但是小孩子内心世界的坏、错或恶，就像强盗的喇叭枪，就像强盗撒胡椒粉的喷壶，就像砍掉马车轮子的红色

斧头，常常带有恶作剧的性质，而强盗带有随机、无意的成分去找的也往往是倒霉的人。就像电影里的桥段：孩子踢足球，踢碎某个唠叨女人的窗玻璃；要么扔石子、扔泥巴，看谁能扔到对面的风景墙上；等等。但三个强盗或小孩子并不真正想要伤害人，他们只是用喇叭枪把乘客赶下车，抢走他们的财物。他们从来不用抢来的金银财宝，他们就像小孩子一样为了刺激、为了好玩。小孩子可是深有同感呢！

多数的故事总有一个转折。就像小孩子在做恶作剧之时，总是会遇到一个不一样的人，经由彼此的磨砺，最终会在其中认识到内心那个真正想要做的自己。而三个强盗也是如此。所以我说三个强盗，就是三个还处在建立"是非对错"概念阶段的孩子。他们在这个阶段，在跌跌跄跄、跌跌撞撞、磕磕碰碰当中去试误，就像日本心理学家河合隼雄所说的那样，他们也在寻找一堵"墙"来作为自己的界限，在界限之内自己的心才会最终安静下来，获得安宁。

人们想知道，三个强盗要怎么才能变好呢？也就是说，孩子要如何走向正道、走向明亮那方呢？《三个强盗》这个故事告诉了我们答案。体验三个强盗如何触发内心柔软的过程，也就是将自己的灵魂变得柔软的过程。

我常常觉得这是一个讲"人天性有内在良知"的故事。三个强盗的穿戴当中有隐隐的金色，就像黑暗当中的良知之光，总有一天会在某个事件当中被触动开关，由此闪闪发亮。而事实也是这样的。三个强盗碰到了小女孩芬妮，她就是让破坏力无法施展的柔软，她就是让人看了忍不住想要呵护的美好和纯真。三个强盗的眼神亮了，是的，不是躲躲闪闪的，而是亮了。再然后，当芬妮被裹在黑色斗篷里的时候，芬妮的金

色就仿佛黑色世界里明亮的善良，让三个强盗不由得想去呵护和珍惜。那是一种美妙的体验，他们终于来到了阳光下，享受自由。黑色在此时此刻就发生了精微的转换，原本黑色的可怕，已然变成了黑色的温暖、温柔。

小孩子眼中的黑就是这样两面的。因为在小孩子的眼里，黑有时候是黑夜里什么也看不见的可怕；有时候呢，又是妈妈

的头发那样黑得温柔。

当黑色发生转换时，一切就变得明丽起来了。读着这个故事的小朋友，神色也突然放松了，每个人都在这样的转换之间获得了自由。当所有的小孩子都来三个强盗的城堡时，大家都体验到了巫婆一定得死、纯善终将圆满的欢乐。小孩子们内心的负面成分，也就在这个阅读的旅程中悄悄地消融了。就像《绿野仙踪》里的西方恶女巫，轻而易举地被多萝西泼出去的水融化了一样。

在黑暗的世界里，所有的获得都是躲躲闪闪的，从来不伴随愉悦。走到光亮的世界里来，建构、创造，也一样是在获得，而且相随的是温暖和成就。

💡 讲述建议

从三个强盗从恶转善的过程当中，体验不管是谁都可以选择一条从善的路。

这是一个需要大人讲给小孩子听才会更加精彩的绘本故事，是一个即使大人在讲述过程中有很多的提问，孩子也会有兴趣继续听下去的故事。在讲到封面的时候，不急于告诉孩子故事的题目，问问他们认为这三个人是什么人？为什么会这样穿衣服？他们准备干什么？这样的猜测足够考验孩子直觉的敏锐，也会足够给故事的讲述设置悬念，使得孩子紧张又期待接下来的故事。

对于介绍三个强盗时的"躲躲闪闪"，家长在讲述时能够使用重音讲出来。这样才可以更为形象地表现强盗真正的形态，也足以让孩子感受到负面部分总会要躲藏起来的特性。

在介绍三个强盗武器的时候，小孩子是非常感兴趣的。问一问这些武器都是强盗用来干什么的？问一问三个强盗为什么天黑了才出来抢劫？这些提问也会触发大人去了解一个人的内心世界，更是为了强调被夸大的恶和后来所显现的善的强烈对比。

当讲述到三个强盗遇到小女孩芬妮的时候，语气立刻从刚才的粗声粗气变得温柔，从讲述的语气当中，尤其要向孩子强调一个孩子去影响三个强盗的力量。让孩子的内心，在大人面前油然而生一种身为小孩的自豪感。

最后和孩子一起来说一说"你觉得三个强盗是怎样的人"，从这样的"说一说"当中去感受人的多面性，感受每个人都可以体验从善的快乐。

🎎 活动设置

带孩子欣赏《三个强盗》的同名动画片。

23

不是那样，是这样的！

文/图：[瑞士] 卡琳·谢尔勒

译：陈琦

出版社：二十一世纪出版社

📖 **内容简介**

　　獾、狐狸和熊一起在森林里用石头搭高楼，建了一半的高楼突然倒塌了，獾的腿被咬了，熊也跑了过来……每个人都来说到底是怎么回事，可每个人说的都不一样。"不是那样，是这样的！"可事情到底是怎样呢？在大树上看了个清楚的小松鼠知道前因后果，但是三个小动物一点也不想听，一直争吵。后来，小松鼠搬起石头在水里玩起了新游戏，你猜三个小动物是怎么做的呢？

✏️ **故事解读**

　　这个故事，几乎每天都要在幼儿园上演无数场！几个孩子一起搭建积木，另外一个小朋友想要加入，可是他还没有弄清楚已经搭建的部分都是些什么。有可能他拿了先前小朋友已经当作煤气灶的一块积木，有可能他进入的时候，不小心碰到了作为红绿灯标志的某个红色积木……于是"战争"就会爆发。先前一起玩的几个小孩子，因为共同搭建，已经对搭建的各个部分成品以及情节都心中有数。因为孩子在搭建游戏当中，总是伴随着各种讨论和协商的。而后来想要加入的孩子，首先要融入先前的搭建生态，这并不容易。因为小孩子总是以自我为中心的，也不具备向别人进行介绍先前搭建成品和情节的意识和能力。所以原本一起搭建的孩子会对新加入的人有一定程度的排斥心理。

后来想要加入的孩子，总会因为各种不了解而产生"破坏"，从而惹恼先前的孩子。哪怕后来想要加入的孩子，做出很多听话和努力的行为，也很难改变。每一个孩子在游戏的过程当中，都很享受游戏故事和情节顺利发展的愉悦感。

在这本绘本的环衬页，就是獾拉着熊去玩搭建游戏，很远的后面跟着一只想要加入的狐狸。到了书名页，我们看到獾和熊搭建高楼配合得很默契，一个找石头来搭建，一个负责扶稳高楼。而远处的狐狸，也拿着一块石头想要加入。

事情不知道是怎么发生的，反正矛盾就是这样有了！獾认为，是他和熊一起用石头搭高楼，狐狸突然过来把高楼踢倒了。于是他大叫了一声，狐狸就咬他了，熊才跑过来帮他的。獾的说法，自然会偏袒一直和自己玩的熊，这是因为熊一直在和自己玩游戏，他们是一起玩的伙伴，而狐狸是来捣乱的。小孩子常常会这样表达。这样的说法，谁会不服呢？狐狸一路跟着来，一直想要加入，但始终怀着担心别人不要自己加入的戒备，就容易在误解中表现出攻击性行为。在处理这样的矛盾冲突时，很多大人也可能在内心里排斥这样的小孩，认定咬人的孩子是个坏小孩。

而狐狸呢？自然很委屈。他说："獾和熊在用石头搭高楼，可是搭歪了。我是搭高楼的高手，所以我就想教他们，但是高楼突然倒了。然后獾就冲着我的耳朵大叫，都快把我的耳朵震聋了。熊还跑过来打我，疼死了。是这样的，就是这样。"狐狸的意思是因为这许多种原因，我才不得已咬獾的。问题的根本在于狐狸也不知道高楼为什么会突然倒了，但獾和熊就是认为是狐狸非得加入进来才会倒的，他们原本合作得好好的。狐狸的说辞，会让大家觉得他避重就轻，因为他丝毫没说自己咬了人。

熊呢？他说："我和獾用石头搭高楼，狐狸也没问我们，就过来一起搭，他还用尾巴把高楼给掀倒了。獾就生气地大叫起来，然后狐狸咬住了獾的腿，我才去帮獾的。"狐狸的确没有经过同意就去帮忙了。可是在狐狸的心里，自己已经犹豫了一百遍，问了一百遍，所以这样的心理会让狐狸气极。熊认为是狐狸的尾巴掀倒了高楼，但这也不是狐狸的本意，狐狸并不想掀倒高楼，而是想要搭建高楼，至于高楼是怎么倒的，他也不知道。所以他委屈又愤怒，一下子就朝大熊扑了过去。大家厮打在一起，就和小孩子打闹的现场一样。

如果是老师会怎么办呢？就像小松鼠一样，大喝一声"停"，才会让一切厮打终止。老师还会干什么呢？试图像小松鼠这样呈现整个过程：狐狸想帮忙搭高楼——是的，在老师的眼里，每个孩子都是充满善意的。狐狸听老师这样说，内心的恼怒会慢慢减轻，如此他才会更容易去反思自己不对的地方，抑或是接受正确的做法，比如事先询问自己是否可以参与。可是狐狸在找石头的时候，尾巴不小心碰倒了高楼。这是三个人都没有弄清楚的事情，现在小松鼠说清楚了，狐狸就更容易接受自己不小心犯下的错误。于是獾就大喊起来，狐狸咬住了獾，然后熊就过去打狐狸。

可以说小松鼠就是老师。小孩子们也会在私下里争吵"是你先惹事的""不对，是你""不对，是你们"……

小松鼠就是一个智慧的老师呢！他和日常教室里的我一样嘟囔着"你们应该好好听听对方的想法，才能互相理解啊"，尽管知道这并不能起到什么效果。但老师总是有办法的，比如号召大家重新玩一个游戏，就会立刻终止一场纠纷，让孩子们重新愉快地进入新的游戏。小松鼠老师的游戏主意是搬起石头去拦水，多好玩的主意啊！四个人开始了游戏，由于人多了，游戏也变得更有意思。重要的是，四个人因为这样的磨合过程，成了好朋友！

但是，当又一个新成员加入的时候，一定还会发生同样的"不是那样，是这样的"矛盾经历。世界就是这样的，在起伏中朝前发展。

💡 讲述建议

时常阅读这本绘本，可以减少大人的孩子气，让我们更加理性和智慧地看待小孩子在交往过程中产生的冲突。

我常常在处理小孩子之间的各种交往冲突中，感觉到大人的孩子气。所谓孩子气就是和孩子一样身陷自己的感受当中，不肯也不能客观看待事物的心理状态。比如獾和熊的爸爸妈妈，会认为小狐狸是个坏孩子，碰倒了别人的搭建作品，不道歉也罢了，还要咬伤别人，这是不能让人接受的，不能让自己的孩子和狐狸这样的孩子一起玩耍。至于自己孩子的大喊或者打人，因为没有造成什么大的伤害，是可以忽略不计的，何况是你家孩子先惹事的啊！这样的心理，容易让獾和熊这样的孩子形成骄傲自大、恃强凌弱的个性。孩子看到大人不分是非就为自己撑腰，慢慢地，孩子也就失去了明晰事理、明辨是非的意识和能力。

而小狐狸的爸爸妈妈，常常会因为自己的孩子伤了人而惭愧自责。

他们要么凸显咬人的事实，恼怒训斥自己的孩子，而忽略了孩子真实的心理需要；要么掩饰咬人的事实，凸显他人对自己孩子的排斥和拒绝，把责任推到对方身上。慢慢地，小狐狸这样的孩子会变得越来越孤僻，更加害怕和紧张与他人的交往，形成要么用各种破坏性行为来震慑别人，要么就是逃开众人躲在角落的行为模式。

作为大人，我们常常会无条件地相信孩子的语言表达，把它和对孩子无条件的爱混同在一起。但事实上二者并不能画上等号，孩子需要了解是非对错，他们更在意大人倾听自己的真实感受。注意是倾听，而不是没有原则和逻辑的认同。

建议家长去领会绘本故事中小松鼠做法所体现的理性和智慧，并真正地去实践和运用。

当我们大人有能力厘清事理逻辑和情绪心理的时候，我们就能理性地引导孩子明晰故事的脉络和人物的心理。比如，事情的真相到底是什么，小狐狸、熊和獾各自的感受是什么，他们忽略了什么，他们内心真正想要的是什么，等等。

在故事的结尾，我们了解到孩子内心深处最大的需要，就是把游戏持续进行下去，而且要快乐地进行下去，就像他们的人生一样。

👥 活动设置

和孩子邀请几个小朋友来家里一起玩搭建游戏。父母事先准备好玩耍的空间，备好充足的搭建材料，以供孩子们进行游戏。

大人们在可以观察到孩子搭建动态的另一个空间里阅读《不是那样，是这样的！》绘本故事，以随时应对孩子在交往中发生的冲突。

24
月亮的秘密

文 / 图：[法] 弗洛伦斯·基洛
译：武娟
出版社：江苏凤凰少年儿童出版社

📖 内容简介

　　小松鼠好奇月亮为什么每天晚上都会变样子，他想要爬到天上去看看。小猫也想去，他觉得月亮一定是和自己一样，有时伸懒腰，有时蜷成团，都遂自己的心意。小猪听了不同意，他认为月亮更像自己，很贪吃，吃多了就变得圆鼓鼓。孔雀认为大家的想法很可笑，认为月亮就像她一样为了更漂亮，每晚都在换裙子。猴子不服气了，他认为月亮和自己一样调皮、爱玩，喜欢恶作剧，所以每天晚上都乔装打扮，让别人认不出它。到底谁说得对呢？一起爬到天上来看看吧！

✏️ 故事解读

　　小松鼠是一个敏感、好奇的孩子。说敏感，是因为他居然能发现月亮每天晚上都有细微变化。说好奇，是因为他很想知道月亮为什么每天晚上都会变样子。他甚至还提出"要是我们爬上去看看，会发现什么秘密"的大胆设想。

　　能发现事物的细微变化，能好奇为什么，还能为此去做点什么——对于孩子来说，每一步都非常了不起。就说第一步吧，虽说月亮在一个月当中有满有缺，但在相近的几天里，变化却是极其细微的。但是这种变化的细微却被小松鼠感觉到了，这说明他观察的持久性和感受的敏锐性，还说明他有看到月亮变化的充分条件。天天在概念符号里打滚的孩子是不会去主动看天空的，天天生活在楼宇大厦里的孩子是难以自然而然就看到月亮的。没有外在环境，又没有内在动力，所以我们很难在身边看到类似小松鼠这样的孩子了。

我想起小时候走在旷野田埂上的时候，月亮离自己很近、很近。自己走到哪里，它就跟到哪里。夏夜纳凉时，小孩子的玩具就只有月亮、星星和萤火虫。那么，发现月亮的变化，好奇月亮的变化，甚至畅想去天上看一看，就是自然而然的了。小时候，就感叹自己如果有一粒魔豆就好了，那样就可以生出通天的藤蔓来让自己爬到天上去看看。啊！恰恰就和书中小松鼠的渴望是一样的，或者就和作者内心的渴望是一样的。

我想这本《月亮的秘密》一定就是一群小孩子在夏夜里纳凉时充满想象的漫聊。小松鼠告诉大家月亮的变化，小动物们一定也很有感触。小松鼠问为什么，小动物们就开始思索。但是每个人的认知范畴，又都跟自己的生活经验有关。这就是孩子的思维特征。小孩子的思维是以自我为中心的，会认为所有的事物都和自己一样有想法，而且和自己想的、做的都一样。所以小猫认为月亮一定是伸懒腰的时候就弯弯的，蜷成团的时候就变成圆的，月亮也是一种遂我心意的自在。小孩子又都是争强好胜、不甘落后的个性，小猪立刻表示不对，月亮一定是和自己一样贪吃，吃多了就变得圆鼓鼓的。孔雀呢，觉得大家的想法很可笑，觉得月亮和自己一样爱漂亮，为了和天上的星星比美，才每天晚上换新裙子……是不是就像一群孩子在用自己的生活经验来争论？

小松鼠呢？他想象着要是有一粒魔豆，生出了绿色的藤蔓，爬上去看看，会发现什么秘密呢？这个想法立刻得到了大家的附议，每一个小动物都表示自己也想要跟着去看看。或许前面的讨论，还是根据自己的生活经验。那么此刻，大家跟随着小松鼠，不知不觉沿着那条绿色的藤蔓，爬入了想象的世界。

　　是的，大家在想象的世界里达成了共识。一定是天上的月亮不止一个，一定是有好几十个。它们按照时间顺序排好队，轮流照亮夜晚的天空。这就是小孩子天马行空的想象。

　　猴子感慨"好美的月亮啊，真想带一个回去"，引发了大家的渴望。小孩子都是这样的，不管是分配什么东西，他们都会"我要""我也要"的。

　　这一群小动物，就是在玩想象游戏呢！猴子提出了新的游戏主意。大家就跟随着这个主意继续朝前想，根据自己的内心需求想。小猫最讨厌下雨，他要用月亮做雨伞；小猪最喜欢吃，他要用月亮做牛角面包；孔雀最爱美，她就用月亮做顶帽子……啊！想着，想着，所有的月亮都被拿走了，天上再也没有照亮夜空的月亮了。此时，这一群畅想的小动物，是不是都不好意思地脸红了?! 有可能是，他们纷纷表示"我们就去天上看看它们""我们还是不要把它们带回家吧""要不然我们就看不见回家的路了"……

　　这就是一个小孩子真正的童年，这就是童年里真正的游戏！真正的游戏就是这样富有想象力，富有创造性，又带着浓郁的生活气息。

　　讲述这个故事，需要学会带着孩子进入想象的世界，来一次充分的想象游戏。

　　在阅读这本绘本之前，带孩子去看看天上的月亮。如果有条件，可以带孩子在凉爽的夏夜里露营看月亮，说说小时候听过的月亮传说和故事，听一听孩子说说自己对月亮的观察、感受和发现。当孩子带着对月亮丰富的认识再来阅读这本《月亮的秘密》时，才能和故事中的小动物们感同身受，才有能力和小动物们一起进入一场想象的游戏之旅。

　　当小松鼠发现月亮每天晚上都会变的时候，可以问一问孩子，月亮都是怎么变的呢？

　　当小松鼠好奇月亮为什么每天都会变，其他小动物都表达完自己的想法后，让自己的孩子也说说自己的理解。不管孩子的回答是基于想象还是学过的知识，不给予好坏的判断，只是聆听和欣赏。

　　当小松鼠说要爬上去看看的时候，可以让孩子猜一猜，小动物们会看到什么呢？

　　当所有的小动物来到天空之后，和孩子一起数一数天空有多少个月亮？为什么这里会有 29 个月亮，而不是 30 个或 28 个呢？一个月大约有 29.53 天，这是一个很有意思的呼应，也许是作者的精心设计。我们不一定要将这个发现告诉孩子。有一些问题停留在岁月里的时间长一点，往往会让好奇绵延得更长久一些。

而对于幼儿园阶段的孩子们来说，让他们停留在想象的时间里长一些，他们童年的欢乐也会更绵长一些。当猴子提出要带走一个月亮的时候，我们可以让孩子选一个自己喜欢的月亮，问一问他想用它来干什么。

👥 活动设置

在孩子的卧室里制造一片挂满月亮的天空。

1. 在孩子的卧室里选择一片墙面，和孩子在上面张贴上白色铅画纸。

2. 调制蓝色的颜料，和孩子一起在白色铅画纸上涂抹蓝色的天空。

3. 准备若干白色打印纸，和孩子一起剪出各种各样的月亮，并用细渔线悬挂在蓝色的天空上。

4. 和孩子一起想办法给这些月亮制造光源。

25

当我很小的时候

文/图：［英］A.A.米尔恩

译：任溶溶

出版社：浙江少年儿童出版社

📖 内容简介

《当我很小的时候》是一部写给低幼儿童的诗歌集。全书一共42首童诗，写出了一个小孩子眼睛看到的、耳朵听到的、心里所想的……是少有的能够表现低幼孩子生命感受的诗集。它唤醒了我们内心深处的那个小孩子，表达了那个小孩子在童年时自己也说不清，但却清晰可感的心理感受。

✏️ 故事解读

译者任溶溶在这本诗集的前言里说，这样的诗，真把我小时候有过的想法写出来了，我想所有孩子也一定这样想。他说那一首《蹦蹦跳》的诗，让他感觉到特别亲切，让他想起了自己的大孙子，小时候去幼儿园的路上，他真是像诗里说的那样小跳着去的。

在读诗集中的每一首诗时，我几乎都会有这样的共鸣。就比如读到那首《一个人真好》，我的脑海里就会出现我一个人站在苍穹之下的田野之间，周围空旷无比，那是一种无比自由自在的感觉。这种感觉就是给这首诗写出来了：那里什么话也没人说，那里没有别人，只有我。

我给儿子朗诵的第一首诗歌就是《椅子》：一把椅子是南美洲，一把椅子是船，在海上航行着；一把椅子是关着头狮子的笼；还有一把椅

子，正是给我坐的……我的儿子三四岁时就喜欢坐在他那张专门吃饭的童椅上玩游戏，各种各样的游戏。把椅子变成航行在海里的船，就是其中的一个。仿佛世界就在自己的脚下，所有的行人、船都只听自己的指挥。在这首诗里，我深切地感觉到，米尔恩的诗，写的就是孩子的想象游戏。而游戏恰恰是孩子无时不在的生活。所以当我给他读这首诗的时候，就等于是在吟诵他的生活，他无比好奇和欣喜，怎么书也知道自己的事情呢？

我有一个 20 几岁的朋友，当我给她读《你乖嘛》这首诗的时候，仿佛有什么东西一下子切入了她的心灵世界。这个顺从、乖巧的女孩，说起了自己小时候被一遍遍问询"你乖嘛"的感受，一下子所有的委屈、压抑就像潮水一样涌流了出来，真是好痛快啊！

无论是孩子还是大人，都可以在米尔恩的诗里照见自己、找到自己。那就让我们在米尔恩的诗集里看到我们内心的那个小孩，感受他、聆听他、拥抱他、呵护他……

讲述建议

米尔恩的诗，适合孩子也适合大人阅读。

我们可以在清晨，阳光开始撒娇、鸟儿开始呢喃、花儿开始欢笑的时候，给孩子读一首米尔恩的诗，用诗歌里孩子的心灵唤醒生活中孩子的心灵，开启美好的一天。

我们可以在安宁的夜晚，星星开始闪烁、月光开始流泻、合欢开始安睡的时候，给孩子读一首米尔恩的诗，用诗歌里孩子的感受抚慰生活中孩子的感受，结束纷杂喧嚣的一天。

我们可以在慵懒休闲的周末，微风开始轻摇、窗帘开始微动、树叶开始打旋儿的时候，和孩子一起共读一首米尔恩的诗，让自己回到久远的童年，变成那个小孩子，和身边的孩子互相陪伴，聊聊彼此稚嫩、纯真的小时候，促进彼此的了解。

米尔恩的诗，随时随地都可以轻吟上一首。在这样轻吟的氛围里，生命缓慢、缓慢地冒芽儿、生长，大人是，小孩子也是。

活动设置

　　和孩子选择一个特别的日子，来一次家庭米尔恩诗会。和孩子一起设计海报和邀请卡，邀请亲朋好友参加，并布置朗诵诗会的现场。

　　注意诗会的开展要在孩子反复朗诵过这 42 首诗歌，并有了自己的感受之后，或者说在孩子可以自然地说出米尔恩的诗之后，那么孩子就会跟随自己的心意选择诗歌。孩子可以和大人一起对接吟诵，也可以单独吟诵。当然，大人还需要进行自己的诗歌选择和诗歌吟诵。

26
忙忙碌碌镇

文 / 图：[美] 理查德·斯凯瑞

译：李晓平

出版社：贵州人民出版社

📖 内容简介

　　在忙忙碌碌镇里，有邮局，有警察局，有便利报刊亭……在忙忙碌碌镇，每个人每天都在忙碌地工作着：飞行员在高空中工作，诗人在写诗，画家在画画，作家在打字……有些人在室外工作，有些人在室内工作，有些人在高高的空中工作，也有些人得钻到地底下去工作……有些人工作的时候待在一个地方，有些人工作的时候会跑来跑去……在忙忙碌碌镇，每个人都要工作。房子是怎么建起来的？消防员又是如何救援的呢？去医院又要经历怎样的过程？如何坐着火车去旅行呢？要是坐轮船去远航呢？种子是如何成长的？路又是怎么修的？面包是怎么做的？……书中涉及了各种各样的职业，涵盖的信息非常丰富，对孩子了解社会生活有着良好的引导作用。

✏️ 故事解读

　　儿子小时候给他买过一套"大眼界情景百科"系列，共 10 本，他把书颠过来倒过去，翻看了无数遍。即使是阅读了很多遍，但每一次还是会有新发现，所以使得阅读再次循环重复下去。而这本《忙忙碌碌镇》，则是集合了"大眼界情景百科"系列 10 本的魅力，全方位地表现了一个生活社区的具体结构，以及其中的人的不同职业。更重要的是，它还全方位地表现了这个结构内部的动态秩序。

　　小孩子常常对周遭的日常生活充满好奇。我记得儿子小时候，带他去楼下的社区，他的两只眼睛都不够用，对每一样事物都充满了好奇，会持久专注地观察和发现。这样一个认知状态，从家这个点向外散发开去，波及他的脚能够丈量的地方。只是还不够广阔，他的思维也无法整合地俯瞰整个生活社区，并在脑海中解构它。而这本《忙忙碌碌镇》解决了这个问题。从忙忙碌碌镇的俯瞰图开始，孩子可以看到社区各种不同功能的建筑设施，从而更加了解社区。然后把视角经由空中的飞行员罗杰拉到其中的一个建筑当中，去看看建筑中不同窗口的人都在干什么，了解每个人的工作、工作场所以及工作状态。从这里我们知道，在这个世界，每个人都要工作。

　　儿子小时候就知道爸爸妈妈是做什么工作的。在办家家游戏中，他总是扮演爸爸的职业，他会给"病人"抽血、化验、看病。他同时还有另外一个角色，那就是小宝宝的爸爸。他会吩咐"妈妈"要给小宝宝换尿布、喂辅食……所以读到这本书的时候，他自然就会联想到自己爸爸妈妈的工作，意识到每个人都必须工作。

这本绘本通过一个故事来把日常生活中的点点滴滴串联成了一个整体。比如农夫阿乐发种了粮食和蔬菜，留下一些给家人，其他的卖给了店铺和忙忙碌碌镇上的其他人。然后，他用挣来的钱给自己买了新衣服，为了农场的活儿又去买了新拖拉机，还给儿子和妻子买了礼物，剩下的钱存到了银行，开着新拖拉机回家，一家人生活得很幸福。每一个小孩子都喜欢去这样的生活情景模拟小镇去玩，他们喜欢了解和体验他人的日常生活。

小孩子还常常比我们更为关注周围环境中的细节：他们会蹲在马路牙边对你不曾觉察的某个细节看上老半天；会对墙面上的细小纹路定睛细看，问个不停；还会乐此不疲地捡拾大人认为的各种废弃物，当宝贝一样带回家……这本《忙忙碌碌镇》能够满足孩子对细节敏感的特性，它精心描绘了建筑、人、工作以及各种流程的无数细节，可以让孩子不停地探索。

这本书一共分成十个板块，先是介绍了忙忙碌碌镇的各种设施以及人们的工作，然后详细描述了"盖房子""消防队灭火""去医院"等九个方面的流程。每个流程都包含无数个细节，而且这些细节都是连续性的，可以吸引孩子沉浸其中去观察和发现。比如，盖房子这个环节，是以小屁孩儿的视角来讲述的，他第一个关注到有人来他们家旁边的空地上开始挖坑，建房子就是从挖地基开始的，小屁孩儿还好奇这个新邻居有没有小孩，这样就可以一起玩了啊！对于盖房子的流程细节，书中的图比文字传达的信息还多，孩子喜欢看图上的各个细节，挖土机从哪儿开始挖土，坑被挖成了什么形状，接着来送砖头的是什么车，谁在调砌墙的白色浆料……直到新邻居来了，原来是前面那个裁缝。小屁孩儿不仅了解了一个新房子是如何盖起来的，还交到了新朋友。本书并非孤立地介绍各项工作的内容，而是将密切相关的工作连缀成为一个整体，便于孩子了解各项工作。

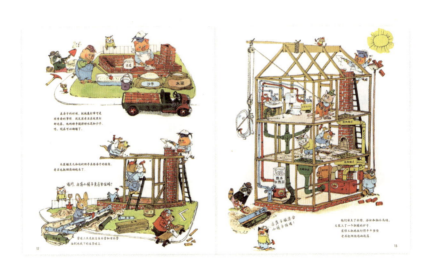

这本绘本贴近孩子的认知需求，满足孩子细节观察的特性，教会孩子协同合作，是孩子图书架上不可缺少的。

💡 讲述建议

在孩子主动要求阅读、主动提出各种问题的时候，铆足劲儿给予积极回应吧。

说实话，给孩子讲述这本绘本，是会嗓子眼冒烟的。不用你主动讲，孩子就会问个不停。我原想那就一开始尽量讲述完整，以保证孩子之后有能力自主阅读。然而，方法策略再多，还是抵挡不住孩子潮涌而来的提问。所以在阅读这本绘本之前，建议多喝点水，或者准备清嗓片、润喉片。

孩子如此喜欢的书，如果说要有讲述建议的话，那就是在一开始讲述社区结构的时候，可以带孩子去参观自己所在的社区。在讲述社区里不同的人的工作时，和孩子说说自己的工作，方便的话，还可以带孩子去参观家人工作的场所，了解家人工作的流程。最后问一问孩子以后想要做的工作是什么。

👥 活动设置

父母和孩子一起来设计一本自家小区的绘本，仿照《忙忙碌碌镇》进行取名。方式以孩子语言表达为主、大人绘制为辅的形式进行。经由这样的活动，可以帮助孩子对观察到的周围环境进行大脑内部的结构化处理，这是学习中非常重要的一种能力。

27

肚子里有个火车站

文：[德] 安娜·鲁斯曼
图：[德] 舒尔茨·史蒂芬
译：张振
出版社：北京科学技术出版社

📖 内容简介

　　茱莉娅从幼儿园回家的时候，肚子里发出了"咕噜噜"的声音。嗯，那是谁的声音？原来在茱莉娅的肚子里有个火车站，还有许多许多的小精灵在火车站里工作。那咕噜噜的声音正是小精灵睡觉打呼噜呢！茱莉娅饿了，她大口大口地吃起面条来。小精灵们冒着被砸晕的危险开始工作了。天啊，大团的面条太难弄碎了！他们抱怨茱莉娅不好好细嚼慢咽。要怎么更快地把食物在加入的液体里变成泥，然后送上火车运送到神秘隧道呢？还没想好呢，又是一团刺骨冰凉的雪泥喷涌而来。哎呀，火车被冻在轨道上了，怎么办呢？小精灵们罢工了……

✏️ 故事解读

　　关于人身体的一切，没有孩子不感兴趣、不来一探究竟的。把肚子里的消化系统，形容成一个火车站，非常形象有趣。我曾多次带着儿子去上海科技馆坐那里面的草莓车、梨子车，车开进一个大嘴巴里去，经过食道和胃，到达小肠和大肠，最后变成屎从肛门出来。这样的肚中游历，孩子很感兴趣，每次都要玩好几次。

　　在书的前环衬页，有一首短短的儿歌告诉小读者，美味食物在肚子里火车站的乘车之旅。给孩子留下深刻印象的当然就是那些在火车站工作的小精灵。孩子万万没有想到，自己的肚子里有那么多的小精灵。这下好玩了，当孩子吃下一种食物的时候，他们就会想象这个食物掉落在小精灵身上的情形。如果喝水了，是不是小精灵们在洗澡呢？如果吃下一些豌豆，小精灵们会不会把豌豆当足球踢呢？……

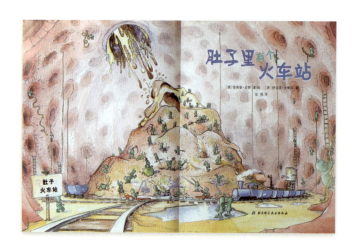

故事开始，一个名叫茱莉娅的小女孩从幼儿园回家，因为饥饿，她的肚子里发出了咕噜噜的声音。啊，那居然是小精灵们在肚子里睡觉打呼噜的声音！每一个阅读的小孩子，此时此刻，一定都会盯着自己的肚子，想要把里面的小精灵看个究竟的。

当饿了的茱莉娅开始吃下美味的面条时，小精灵们就开始工作了。不过此时此刻，小精灵们到底是在哪里呢？火车站到底是在肚子的哪里呢？

每一次和儿子去上海科技馆坐水果车前，我们都要在排着老长老长的队伍里去观察入口处的人体消化系统结构图。我们了解到，食物进入嘴巴，被牙齿切碎，然后进入食道，从一道门（贲门）到达胃，在胃里和消化液搅拌成泥，然后被运送到小肠和大肠。当孩子对此有了解之后，马上就会知道火车站就是胃，而小精灵们就住在胃里。

这本绘本不仅描述了食物在肚子中的旅行，还写了小精灵们的烦恼。小精灵们抱怨茉莉娅没有用牙齿好好切碎食物，因此他们就很难把食物变成泥，工作难度太大；小精灵们抱怨茉莉娅吃得太快太多，他们来不及工作，甚至有一整块食物把一个精灵砸晕了过去。当我们要求孩子细嚼慢咽，制止孩子暴饮暴食的时候，远不如这样的故事给予孩子的影响。小孩子天性富有同情心、呵护心，他们为了自己肚子里的小精灵，也会好好用牙齿把食物切得细细碎碎的。

小精灵会认真地告诉你，如果你把食物用牙齿切碎，那么即使掉落在小精灵头上，也不会弄疼他们，就像下了场食物雨呢！

小精灵会认真地告诉你，他们把食物混同液体在一起变成泥，运上火车，只要等到幽门一开，火车就会把它们送到又长又窄的小肠隧道，那里有许多管道会把食物泥里的营养给吸走，送到血液里，然后流遍全身。剩下的会跟着火车继续朝前通过大肠隧道，最后到达肛门，被送到一个叫"马桶"的地方。这样的认知过程，很形象，也很有趣。

努力工作的小精灵们害怕什么呢？害怕太冷的食物，那样火车会结冰，自己会被冻僵。这是在告诉小孩子，不要吃太多太凉太刺激的食物。可是茉莉娅不懂，小精灵们没有办法，只能罢工了。他们砸墙跺脚，哎

呀，这下茱莉娅的肚子该多疼啊！小精灵们快要被冻僵的时候，冰雪融化了！还有一场温暖的雨。原来贪吃冰激凌的茱莉娅在肚子上放了一个热水袋，还喝着热水，他们终于可以再次工作了。

在绘本的后环衬上，小精灵们会仔仔细细地告诉小孩子，他们喜欢什么样的食物。这样的方式，孩子是会欣然接受的。

我常常想，小孩子的饮食习惯可以经由这样的绘本故事，建立一个健康、良好的开端。

💡 讲述建议

讲述这本绘本，有三条建议：

1. 让孩子来体验小精灵的烦恼，思考要怎么做才会让肚子里的小精灵开心地工作。

2. 借助人体消化系统结构图来讲述，可视感更强。

3. 和孩子一起来辨析家中的食物，哪些是小精灵们喜欢的，为什么？

👥 活动设置

在家里的地板上，用积木来搭建一个肚子里的火车站——胃。从胃向上搭建贲门连接长长的食道，包括嘴巴。从胃向下搭建幽门，连接弯弯曲曲的小肠和大肠。游戏开始，爸爸就做肚子里的火车站，小孩子就做坐在火车里的食物。孩子骑在爸爸的背上，来一场肚中之旅。

28

100 层的房子

文/图：[日] 岩井俊雄
译：于海洋
出版社：北京科学技术出版社

📖 内容简介

　　有一个名叫多奇的小男孩，他喜欢仰天看星星。有一天，他收到了一封特别的信，信上只写道："我住在100层房子的顶层，欢迎你来我家玩儿。"是谁呢，住在100层的顶层？那里离星星一定很近很近吧！多奇按照信上的地图找到了100层房子，但他根本看不到顶层。多奇开始爬楼，他能顺利到达顶层吗？他在顶层又会和谁相会呢？……

✏️ 故事解读

　　不知道要如何形容对这本书的喜欢。我自己也是个爱仰望天空看星星的人。我很小很小的时候，每年暑假去外婆家，夜晚会躺在外婆家门外凉凉的石磨上望星空，外婆就会给我们一堆小孩子讲星星的故事。什么帐子星，什么牛郎织女星……再大些，自己就独自躺在夏夜的天空下看星星、想象星星了。我知道最大最亮的启明星，我知道指引方向的北斗星，我知道挑灯草星……天空非常奇妙，只要仰望其中，就会陷入无尽的遐想。带着孩子望星空，会唤起孩子的好奇心，延展孩子的心灵世界。所以这个叫多奇的男孩，对天空的好奇、对高处的好奇，恰恰就应和了孩子内心深处的声音。

　　再有就是那封信，一张地图，一些简单的字，连署名都没有，留下

的悬念足够引发多奇和小读者无限的好奇和想象了。到底是谁邀请了多奇呢？到底是谁住在100层房子的顶层呢？按着地图去找寻，神秘又令人兴奋！我记得儿子小时候给我送生日贺卡，在家里画了一个又一个箭头。我顺着箭头去找，找到客厅，找到厨房，找到卧室，最后在我的床头柜里找到了那张稚嫩的立体贺卡，实在是一场奇妙又幸福的寻觅之旅。

多奇找到了100层房子，有礼貌的他，喊了很久都没有人回答。他准备爬楼梯上去，啊呀，这么高的楼，设计师居然忘了设计楼梯，他只能爬上去了。太高了，多奇自己都不知道能不能爬上去。

我很喜欢多奇爬这100层的过程，有对动物生活习性的科普，有对数量、排序、类比等数理知识的认识，有对各种动物生活的细节观察和故事联想……真是本百科全书，同时又不乏人文情怀。常常科普的书太科普，较少涉及人文的内容，但是我一直认为科学需要人文的导引才能不偏航，而这本书就是这方面完美的典范。

就看第1层到第10层住的是老鼠，每一层的故事都有自己内在的逻辑。比如从第3层吃早餐开始，到第4层妈妈洗碗刷锅，到第5层小老鼠学习，第6层小老鼠跑轮运动，第7层小老鼠洗澡，第8层妈妈洗衣服，第9层一家人看电视，第10层上床睡觉。整个10层讲述了小老鼠一家一天的生活。小男孩多奇很有礼貌，他和小老鼠一家打招呼："我要去 100 层，可以从这里过吗？"小老鼠们回答："可以，可以，这么高的房子，加油啊！"这样的对话给人以温暖和力量。

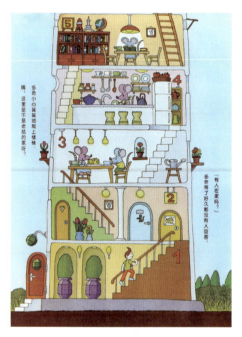

看到这里的时候，小孩子已经迫不及待地想要知道上面住了谁。第 11 层到第 20 层的小松鼠家，简直就是数字的天地：数量有多少、重量是多少、高度是多少……可以让孩子在秩序和数字的海洋里充分感受。小男孩多奇从小松鼠这里知道了这栋楼每隔 10 层就住了不同的小动物，小孩子肯定会越看越兴致盎然。小老鼠、小松鼠、小蜜蜂、小青蛙、金龟子、蛇、啄木鸟、蝙蝠、蜗牛、蜘蛛，10 种小动物好玩又有趣的生活，足够吸引孩子持续地阅读了！

阅读的过程中，孩子无形中感受了十个一数的计数方式。当数量经由这样的方式来无痕体验的时候，没有哪个小孩子是不喜欢的了！

最大的那个悬念，会暂时在这 10 种小动物的生活中忘却。但是越

到高层，它又会慢慢浮现出来。到底是谁呢？住在100层的到底是谁呢？他居然有一个大大的天文望远镜，那是爱好星星、向往天空之人的最爱。夏天的夜晚，在那么高的楼上，几乎可以摘到天上的星星，这是多少小孩子的梦想啊！

小男孩多奇，是和谁在这样高的地方约会呢？还是小朋友自己来看一看吧！

💡 讲述建议

这是一本让孩子感知数量的极佳绘本，但要注意不要刻意经由绘本突出有关数量的知识，而是让孩子经由阅读绘本自然领悟数量及数量的关系。

和孩子一起共读这本书的时候，不能只是照着书上的文字进行讲述，而是允许孩子细细观察书中的每一幅图，倾听孩子无数个好奇的疑问，给予孩子或共同疑惑或一起寻找答案的积极回应。就比如多奇收到的那封信，就值得孩子来细细观察，看看多奇要如何走才能找到那栋100层的房子。再比如每10层一个小动物的家，几乎没有什么文字的描述，完全是图片细节的细腻展现，足够我们一张张细致观察。就像蜜蜂的家一共10层，也是有其内在的逻辑顺序的。蜜蜂家的第1层是负责采蜜的工蜂在花园里采蜜，到第2层就是把采来的花蜜倒在陶罐里酿制，第3

层是餐厅，第 4 层是蜜蜂在唱歌跳舞，第 5 层是蜜蜂在酿蜜，第 6 层呢，是负责照看蜜蜂宝宝的工蜂用蜜喂养宝宝，第 7 层工蜂负责把蜂王产的卵送到蜂巢，第 8 层是蜂王住的地方，她专门负责产卵，第 9 层，是蜜蜂家族的宝贝，第 10 层，是负责保卫蜜蜂家族的警卫工蜂在站岗。孩子自然会对每一幅图中的细节好奇观察并发问，父母要做的就是积极回应的支持。

这本书是"100 层的房子系列"中的一本，其他四本是《地下 100 层的房子》《海底 100 层的房子》《天空 100 层的房子》《森林 100 层的房子》，都是充满神奇想象力的绘本，值得与孩子一起共读。因为这套书字少图多，所以也是一套可以诱发孩子自主阅读的系列绘本。

👥 活动设置

跳格子游戏。

准备一个骰子，从房子的第 1 层开始，和孩子进行爬楼比赛。骰子扔到几就爬几层楼，看看谁先到达顶楼。这是初级游戏的设置。等孩子熟悉了规则之后，还可以和孩子讨论中途的障碍设计，比如遇到谁、遇到什么事情就必须倒退几层这样的关卡。设计关卡基于孩子对 100 层当中每一层所住动物生活习性的充分了解。

29

稀里哗啦下大雨

文：[日] 大成由子
图：[日] 秦好史郎
译：宋三三
出版社：河北教育出版社

📖 内容简介

好热啊，大地发烧了吧！一片乌云从屋顶上压过来，滴答滴答下雨啦！雨点好大！小男孩闻到了天空的气息，还有泥土的味道。雨点在小男孩的伞上打鼓啦！雨越下越大，小男孩扔掉了伞，在雨里跑起来，雨水扬过了头顶那！在雨里跳起来，雨点也跳起来老高。啊！天空的雨点都争先恐后地扑向了小男孩，额头、手臂、手掌，哪儿都变成了滑梯……酣畅淋漓地淋雨，真是太舒服了！

✏️ 故事解读

有没有小孩子不喜欢下雨呢？大概没有吧。但是像书中这个小男孩这样在大雨中如此痛快、如此恣意地和雨玩耍，应该很少有大人允许吧！越不允许，越是心里偷偷地想啊！要是遇到雨，又没有大人在，那还不得是更加疯狂地在雨中撒欢儿？就像这个小男孩一样。

每年夏天，我都要带着孩子们去感受夏日的天空，找一片草地躺下来，看云朵在天空任性地变幻莫测。就有那么一次，屋顶的云层突然渐成灰色，远处的云层压上，灰色渐黑，云层渐厚，气压陡然间就低了，空气突然也闷得不行。整个天空瞬间就像一个锅盖一样压到了头顶之上。

孩子们第一次感受到这样的气势，委实吓坏了，一个个要往活动室里跑。还没有跑到走廊口呢，大滴大滴的雨点就啪嗒啪嗒地打在了地上，就像书中画的那样大！雨滴裹挟着暑气，地上就吱吱冒烟了，于是还裹挟起来了空气的气息、泥土的味道。雨越来越大，空气中、大地上的暑气就仿佛被雨泻掉了一样，空气间的闷热突然就松开了，一切就变得舒爽清朗起来！

能不羡慕书中的小男孩吗？他压根儿没有任何顾虑，兀自在雨中自由地呼吸和玩耍。而我认识的那些个小孩儿，脑海里早就种下了大人的唠叨，不敢贸然去到雨中呢！我们站在廊檐边，伸出手截断屋檐边急促流泻下来的雨线。小时候的我，常常就是这样在屋檐边看急流的雨打在手心上。

还是忍不住，打起伞，像小男孩那样站在雨中吧！和小男孩的感受一样，雨滴就好像在伞上打鼓呢！夏日的雨点儿，真是好大呢！雨越下越急，还会从地上迸溅到裤子上、身上来！我们在雨中的伞下一动不敢动。我们被大雨的歌声包围了！是的，就是一种被包围的感觉。

可是，我们可不敢像小男孩那样扔掉雨伞，在这样大的雨中跑起来，看雨在脚下扬起来；我们可不敢在雨中跳起来，让雨迸溅得老高老高；我

们更不敢让这么大的雨打在整个头上、脸上、身上、手上……那是多么痛快的感觉啊！我们好想也能这样来释放自己，迎接这凉爽的雨啊！整本绘本最让人心动的就是这里的酣畅淋漓了！小男孩真是好厉害，还敢睁开眼睛，去看天空密集落下的雨滴。如果因为这本绘本，能够让我们去除内心的某种无形钳制，这样淋漓尽致地在雨中恣意感受和体验，那么活此一生的过程当中，一定也会多了几许洒脱的气质。

孩子们是喜欢雨的，夏日的雷雨接近尾声，孩子们打着伞，开始在雨中走动。有一个小女生轻盈地迈着步，突然回过头来和我说："我们好像在雨中跳芭蕾啊！"当时的我真是被惊呆了。那雨滴落在地上，又再次迸溅起来，还有我们的脚步在雨滴迸溅的空当落上落下，不就是雨中芭蕾嘛！

小男孩一直仰望着天空，雨后的天空，好明净啊！雨后的空气，泛着泥土的清新。雨后的世界，无比澄澈光亮。大树上、屋檐边，还在滴着雨水，奔跑在水汪汪的路面上，好舒服啊！书中的小男孩就是这样一脸的享受。

我们也是。征求了爸爸妈妈的意见之后，我带领孩子们脱掉了鞋子、袜子，卷起了裤腿儿，在或大或小的水洼里撒起了欢儿！是的，我们也和小男孩一样，跑了起来，扬起了水，真的可以比自己还高呢！我们跳啊跳啊，水溅了自己一身，也溅了周边的小伙伴一身。哈哈，太过瘾了！

哪有小孩子不喜欢雨呢！真没有！

💡 讲述建议

阅读这本绘本，最为重要的就是在现实生活中允许孩子充分感受大自然、探索大自然。

和孩子共读这本绘本，会勾起每一个大人内心深处的小小孩，让大人有一股冲动，也想和这书中的小男孩一样，去雨中酣畅淋漓地玩一玩，管它什么会感冒，管它什么衣服会湿，管它什么不雅的形象……

和孩子共读这本绘本，会不会让你也敢于支持孩子去雨中恣意地玩一玩，去看、去听，去摸、去感受……哪怕是大雨滂沱！当然前提是孩子自己愿意。抑或是孩子的内心已经有了诸多限制，你是不是有耐心带着孩子一次次突破内心的钳制，让孩子不断释放，充分去感受世界，体验内心的敞开状态。

和孩子共读完这本绘本，就一起去夏日的雨天里，和孩子尽情地玩一玩吧！

👥 活动设置

和孩子在夏日的雨里玩一玩，看看你和孩子能创造出多少种玩法，并把它们画下来，编成故事，书写一本你与孩子的《稀里哗啦下大雨》。

30

西瓜游泳场

文 / 图：[韩] 安宁达

译：徐丽红

出版社：广西师范大学出版社

📖 内容简介

　　熟透的西瓜"咔嚓"一裂两半，一位老爷爷扛着梯子就来了，清凉的西瓜游泳场就这样开放了。消息在村子里传开，大人、小孩们都来了。走在西瓜游泳池里的感觉真是美妙极了——沙沙沙！要是你从西瓜叶子上跳下来，哧溜，那叫一个痛快！大家一起扔西瓜炸弹，那叫一个过瘾！大家用力踩，到处都是红彤彤、凉丝丝的西瓜汁。白云做的遮阳伞，乌云落下的洗澡水，安上的西瓜皮滑梯，让夏天变得无比的欢乐！太阳已经落山了，暮色初上，妈妈喊我们回家了……

✏️ 故事解读

　　一到夏天，捧半个在井水里冰镇了半天的西瓜，坐在家门口的梧桐树荫下，拿起勺子开挖，当眼睛盯着那挖空的小坑时，时空就发生了扭曲和变化，就像爱丽丝喝下了神奇药水，仿佛自己越来越小，越来越小，站在那半个西瓜的绿色边沿上，脚尖踮在那里，前后晃着，好像要倒，又好像要掉下来，心里惊慌又刺激。或者整个人钻进了母亲在家门口种下的西瓜地里，就像钻进了庞大茂密的热带雨林。小时候，母亲为了我和妹妹能够吃上西瓜，不知道从哪里弄来了少见的西瓜秧，亲手侍弄，第一年一个西瓜也没能结出来，以失败而告终，母亲寻得缘故是西瓜没能授粉。于是第二年她亲手给西瓜开出的每一朵花授粉，最终结出了鲜甜的西瓜。刚刚从地里面摘出来的西瓜，和市场上买来的口味完全不一样，就是吃在嘴里鲜活鲜活的感觉。

当我一看到这本绘本的时候，就仿佛回到了自己的原乡风景里，也就是母亲的西瓜地里，那里面所藏着的爱和凉爽扑面而来。大自然的果实，长得够成熟，就是会裂开的。当你变得足够小时，你仿佛就能够听见那"咔嚓"裂开的声音。不管我长到多么大，我似乎都非常享受自己在某个时刻变得足够小，由此感官变得足够敏锐，可以自由地驰骋和游荡。在作者安宁达的笔下，她所爱的西瓜，就在她的凝视当中，变成了

一个西瓜游泳场。或许，这个光景，正是安宁达的原乡风景吧！尤其是老爷爷扛着梯子来到这里，宣布了本村西瓜游泳场的开放。于是田间地头，家里坊间，人们开始奔走相告，陆陆续续走向了西瓜游泳场。边走边家长里短地絮叨：听说邻村的椰子游泳场已经开放了；去年的游泳池啊，籽儿太多，游起来不舒服……这让我想起了母亲在夏日的树下与人闲谈，这一定也是安宁达生命里流淌着的家乡印象吧！

书中接下来每一幅小图或大图所表现出西瓜游泳场里嬉闹游泳的欢

快图景，应该也是安宁达童年光景在想象世界里的映照。炎炎夏日，最快乐的莫过于是泳池的嬉戏啊！而西瓜游泳池的快乐，更是甜丝丝、凉冰冰、爽歪歪的。在泳池里踩水，在泳池上跳水，在水面上互相泼水，换作在西瓜游泳池里，踩的感觉是沙沙沙的，跳的感觉是哧溜的，泼水的感觉当然是扔西瓜炸弹的感觉啊！在西瓜游泳池里用西瓜皮安个滑梯，西瓜籽搬来作为垫脚石，就能够滑上滑下。这些都不稀奇，稀奇的关于遮阳和淋浴的想象。安宁达的想象力，不得让人为之惊叹。小摊贩卖的遮阳伞竟然是牵在手里的白云，淋浴水是乌云做的，牵在手里就可以直接洗净身上的汁水了。夏日炎炎，能这样遮阳和淋浴，真是太方便、太美妙了！每一次，我和孩子们读到这里，都禁不住要为这样的神奇设计而啧啧称赞。

傍晚，西边的云霞变得五彩斑斓。所有的欢乐仿佛戛然而止，所有的心灵在大自然的缓慢流变之间，静下来，静下来。大家都目不转睛地朝向了美，在美中凝神、遐想、沉浸。手边方才堆砌的冰山、雪人，连同整个世界，静谧而凉爽，一天的暑气仿佛就在此间消融。无比喜欢这个自然而然的转化时刻，所有和我共同享受故事的孩子，心神也仿佛在喧闹间安静下来。静，美就出现了！

我尤其喜欢阅读这一句："世界变了颜色。"我想起了炎炎夏日的傍晚，我躺在我挥汗如雨洒浇清凉井水的院子里，暮色缓缓而来，门前的秧架变了颜色，屋顶的树影变了颜色，西边的天空变了颜色……在渐渐暗沉的世界里，可以听到啄木鸟叩击树干的清脆声音，世界的奥秘向你揭开。长大以后的我，无数次在脑海里品咂这样的时刻，美好慢慢席卷上心尖尖儿。

和书中更有共鸣的就是那句："永珠，回家吧！真熙，回家啦！"暮色初上，炊烟在远处袅袅拂过，母亲的声音就是这样传来的。家，永远是安全的港湾。母亲的呼喊，永远让我们安心，让我们无论走多远，都知道母亲在家乡的地方呼唤我们、等待我们。所以说，这个绘本故事，有着柔软、细腻的心灵治愈功能。

最后，所有的大人、小孩都回家了。枫叶、银杏叶落下的时候，秋天就来了。在我的家乡有这样一个习俗，秋来要吃西瓜。立秋日吃西瓜，常常有和西瓜好好惜别之意，因为再吃就要等待明年了。就像书中所说的那样，明年，西瓜游泳场还会再开放。

允许孩子有做白日梦的时光，那时孩子处在一个非常奇妙的时空里。

每一次读到这个绘本故事，我就会想起儿子四五岁时吃饭的光景。他会边吃边玩：夹一棵西蓝花，插在米饭里，变成了一棵树；夹一块炒肉里的半个面筋，架在一旁，就变成了桥；有时候土豆块可能是一座城市，也可能是河里的一艘船……此时此刻的饭碗，就像这半个西瓜，自然而然成了一个游戏场。我常常在想，或许等我的儿子长大了，也会创作一个类似《西瓜游泳场》的故事。

而坐在儿子旁边的我，看着他饭碗里奇妙连连的想象，我就在想象他脑海里的世界，绵延到了哪里。所以阅读这个绘本故事，给父母的启发就是，允许孩子度过他的白日梦时光，让孩子充分想象，充分驰骋，充分发呆……

也有父母说，我的孩子想象力匮乏。那么来读这本绘本就对了。父母和孩子共读时，从自己的身体姿态到目光注视方向上，需要有一个慢慢把自己变得比西瓜还小的动态呈现，以能够让孩子感觉到这种时空变化的微妙，然后带孩子进入这样一个想象的世界里。往往这样的想象世界，可以唤起孩子之前的想象经历，也有可能唤起孩子模仿的欲望。故事中那些无比生动的拟声词，我们可以用非常夸张的语气来表现，让孩子感受到夏日的欢乐，又在对比中彰显出日暮时分的静谧、安宁。

在阅读过后，还可以和孩子开一个西瓜，坐在庭院里或阳台上，来一次西瓜游戏之旅，享受夏天的美好和快乐！

1. 准备两个半个西瓜，坐在一个可以尽情吐籽儿的地方，和孩子比赛边吃西瓜边吐籽儿，看谁的籽儿吐得远。

2. "蒙眼敲西瓜"的游戏：一家人坐在客厅里，搬一个完整的西瓜，放在客厅的一端。游戏开始，负责敲西瓜的人站在离西瓜三四米外的地方看准西瓜的方向，然后用布蒙上眼睛，拿上一根用报纸卷成的小棒，摸索着走过去敲击西瓜，看谁能又快又准地敲到西瓜。最后大家一起分享西瓜。